General
Translation Two:

From Arabic into English

Dr. Muhammad Ali Alkhuli

الترجمة العامة (2):

من العربية إلى الإنجليزية

الأستاذ الدكتور محمد علي الخولي

Publisher: DAR ALFALAH	الناشر: دار الفلاح للنشر والتوزيع
P. O. Box 818	ص. ب 818
Swaileh 11910	صويلح 11910
Jordan	الأردن
Tel & Fax 009626-5411547	هاتف وفاكس 009626-5411547

E-mail: books@daralfalah.com

Website: www.daralfalah.com

Copyright: by the Publisher

2005 Edition

Publisher: DAR ALFALAH P. O. Box 818 Swaileh 11910 Jordan Tel & Fax 009626-5411547	الناشر: دار الفلاح للنشر والتوزيع ص. ب 818 صويلح 11910 الأردن هاتف وفاكس 009626-5411547
E-mail: books@daralfalah.com Website: www.daralfalah.com	

رقم الإيداع لدى دائرة المكتبة الوطنية (الأردن)
2005/7/1593

418.022

Al-Khuli, Muhammad Ali

General Translation Two: From Arabic into English,

Muhammad Ali Al-Khuli.

Amman: Dar Alfalah 2005.

(215)P

Deposit No. : 1593/7/2005.

Descriptors: Translation, Arabic   Language, English

Language

** تم إعداد بيانات الفهرسة والتصنيف الأولية من قبل دائرة المكتبة الوطنية، عمّان، الأردن

رقم الإجازة المتسلسل لدى دائرة المطبوعات والنشر (الأردن)   2005/7/1559

ISBN	9957 – 401 – 59 –9	(ردمك)

بسم الله الرحمن الرحيم

CONTENTS

PREFACE

This book is meant to be an introduction to translation from Arabic into English. It can serve either as an introductory course in translation or a course focusing on translation from Arabic into English.

The book is based on the grammatical structures of English, the target language, since most errors in Arabic-English translation are grammar errors. Most sentences are selected due to the fact that they include a special case or a special problem area in light of Arabic-English contrastive grammatical analysis.

Chapter1 deals with determiners, Chapter 2 with special problem nouns, and Chapter 3 with pronouns. Chapter 4 deals with prepositions, which cause a big headache to Arab students translating from Arabic into English. Chapter 5 deals with special cases of adjectives and adverbs. Chapter 6 focuses on auxiliaries, Chapter 7 on verbs and tenses, and Chapter 8 on a variety of problem sentence structures.

In addition, Chapter 9 deals with adjective clauses, Chapter 10 with noun clauses, and Chapter 11 with adverb clauses. Chapter 12 gives some proverbs and famous sayings. Chapter 13 gives some sentences from *The Holy Quran*. Finally, Chapter 14 gives a variety of sentences, Chapter 15 is a review, and Chapter 16 focuses on paragraph translation.

To help the student translator, some grammar rules are given from time to time, and a translation exercise is made to follow the rule immediately. In most cases, a key word is given between brackets to help the student get at the correct translation. Enough space is always provided for writing down the translation.

The author hopes that such a book will be of great help to students majoring in translation or students taking introductory courses in translation.

Author

Dr. Muhammad Ali Alkhuli

CHAPTER 1

DETERMINERS

Exercise 1

a / an

We use *a / an* before jobs.

Translate these sentences into English.

1. أحمد يعمل مزارعاً.

Ahmad works as a farmer.

2. إنها تعمل معلمة في مدرسة خاصة.

(as a)

3. إنه مصوِّر يعمل لدى جريدة.

(a photographer)

4. إنهم ثلاثة أخوة: بناء وكهربائي وجزّار.

(a builder, an electrician, and a butcher)

5. إنهم ثلاثة أصدقاء: جنائني وسائق وموسيقي.

(a gardener, a driver, and a musician)

Exercise 2

a / an

We use *a / an* to mean 'any example of something'.

Translate these sentences into English.

1. القلم يُستخدم للكتابة. (*is used*)

---

2. الفأس تُستخدم لعزق الأرض. (*an axe*)

---

3. القاموس يُستخدم لاستخراج معاني الكلمات. (*a dictionary*)

---

4. المحامي يُساعد الناس أمام المحاكم. (*a lawyer*)

Exercise 3

a / an

A / an is used before described singular nouns, e.g., *a long nose.*

Translate these sentences into English.

1. لها أنف صغير.

She *has* a small nose.

She *has got* a small nose.

2. لها وجه مستدير. (*a*)

(*has*) .3 له ابتسامة جميلة.

(*a moustache*) .4 له شارب كبير.

(*a*) .5 للزرافة عنق طويل.

(*a*) .6 سمعت ضحكة عالية.

(*hair*) [NOT ~~a hair~~] .7 له شعر أبيض.

Exercise 4

the

The is used with definite nouns, whether singular or plural. It is *also* used before *only* and superlatives.

Translate these sentences into English.

(*the*) .1 اِفتح النافذة، من فضلك.

(*in the center of*) .2 يسكن في وسط العاصمة.

(*the girl*) .3 مَنْ الفتاة التي تحت الشجرة؟

(*the only friend*) .4 إنه الصديق الوحيد الذي يثق به.

5. هذا الكتاب أفضل كتاب قرأتُه. (*the best book*)

6. أعطني كأس ماء. (*a glass*)

7. هذا أسهل سؤال في الامتحان. (*the easiest*)

Exercise 5

Generic *the*

If the countable singular is general, we may use *a / an* or *the* which is called the generic *the*, e.g., *The cat is like the tiger.*

Translate these sentences into English.

1. البقرة تعطينا حليباً. (*the cow*)

2. الأسد حيوان بَرِّي يسكن الغابات. (*the lion*)

3. الكلب يشبه الذئب. (*the dog*)

Exercise 6

General Plural Nouns

If the plural is general, no *the* is used, e.g., *Cats are like tigers.*

Translate these sentences into English.

(cows)	الأبقار تعطينا حليباً.	.1
(lions) [NOT the lions]	الأسود حيوانات تسكن الغابات.	.2
(dogs) [NOT the dogs]	الكلاب تشبه الذئاب.	.3
(hens) [NOT the hens]	الدجاج نوع من الطيور الداجنة.	.4

Exercise 7

General Mass Nouns

If the noun is general and uncountable, no *the* is used, e.g., *Water is colorless.* Such nouns are called mass nouns.

Translate these sentences into English.

(music) [NOT the music]	أحب أن أسمع الموسيقى الناعمة.	.1
(courage) [NOT the courage]	الشجاعة إحدى الفضائل.	.2
(iron) [NOT the iron]	الحديد معدن هام في الصناعة.	.3
(the iron)	نحتاج الحديد الذي في المخازن.	.4
(the music)	الموسيقى التي عزفها أمس جميلة جداً.	.5

Exercise 8

No Article

With some common expressions, no article is used after a preposition, e. g., *He went to school.*

Translate these sentences into English.

1. إنه في السجن منذ سبع سنوات.

   (*in prison*) [NOT ~~the prison~~]

---

2. ذهب إلى السجن لزيارة أخيه.

   (*to the prison*)

---

3. ذهب إلى السرير لينام الساعة التاسعة.

   (*to bed*)

---

4. وقف بجانب السرير مدة طويلة.

   (*by the bed*) [NOT ~~by bed~~]

---

5. يذهب الولد إلى المدرسة كل يوم.

   (*to school*) [NOT ~~the school~~]

---

6. ذهب والده إلى المدرسة ليزور المدير.

   (*to the school*)

---

7. سافر هو بالباص وأخوه سافر بالطائرة.

   (*by bus, by plane*)

---

8. عاد الطالب من الجامعة وأخوه من الكلية.

   (*from university, from college*)

Exercise 9

No Article

No article (*a*, *an*, *the*) is used with continents, most countries, towns, most streets, lakes, and most mountains.

Translate these sentences into English.

(*Asia, Africa*)   إن آسيا وإفريقيا وأوروبا تنتمي إلى العالم القديم.   1.

_____

(*Egypt, Libya*)   مصر وليبيا وتونس تقع في شمال إفريقيا.   2.

_____

(*the capital of*)   باريس عاصمة فرنسا.   3.

_____

(*London Airport*)   مطار لندن مزدحم بالطائرات.   4.

_____

(*Damascus and Aleppo*)   دمشق وحلب مدينتان في سوريا.   5.

_____

Exercise 10

Place Names

These place names take *the*: modified common nouns, seas, rivers, deserts, mountain groups, island groups, most geographical regions, hotels, cinemas, and theaters. Notice that the mountain's name takes no *the*, but the mountain group takes *the*.

Translate these sentences into English.

1. المملكة المتحدة تتكون من إنجلترا وأسكتلندا وويلز وإيرلندا.

The United Kingdom

---

2. المحيط الأطلسي متصل بالبحر الأبيض المتوسط عبر مضيق جبل طارق.

The Atlantic Ocean

---

3. البحر الميت وبحر قزوين يقعان في قارة آسيا.   (The Dead Sea)

---

4. ينبع نهر النيل من أواسط إفريقيا.   (The Nile)

---

5. جبال الألب تقع شمال إيطاليا.   (The Alps)

---

6. إفرست (Everest) أعلى جبل في هملايا (the Himalayas).

---

7. الفلبين تقع شرق الصين.   (The Philippines)

---

8. الشرق الأوسط اصطلاح أطلقه الغربيون على مجموعة من البلاد العربية والإسلامية.(The Middle East)

Exercise 11

Possessives

Possessives include *my, our, your, his, her, its, their, mine, ours, yours, his, hers, theirs.*

Translate these sentences into English.

1.   هذا الكتاب لي.

This book belongs to me.

This book is my book.

This book is mine.

(put on)   2.   وقف فجأة وارتدى معطفه بسرعة وخرجَ.

(took off)   3.   خلعوا قبعاتهم وجلسوا.

(her hand)   4.   كسرت يدها في أثناء التزلج.

(my own book)   5.   أخذتُ كتابي الخاص بي.

(their own reports)   6.   إطلعتُ على تقاريرهم الخاصة بهم.

7.   هذه سيارته الخاصة به.

Exercise 12

Demonstratives

Demonstratives are also used as determiners: *this* هذا, *that* ذلك, *these* هؤلاء, *those* أولئك.

Translate these sentences into English.

1. أعطني هذا (*this*) الكتاب واجلسْ على ذلك (*that*) الكرسي.

____

2. خذه هذه (*these*) الملفات وأعطها لأولئك (*those*) الطلاب.

____

3. هذه (*these*) الأسئلة سهلة وتلك (*those*) صعبة.

____

4. هذه (*this*) البحيرة جميلة، وتلك (*that*) أَجْمل.

____

Exercise 13

Which? What?

With limited choices, use *which* to make a question: *Which book is yours*? With a wide choice, use *what*: *What day can you come*?

Translate these sentences into English.

1. أَيٌّ اسمك؟

Which is your name?

2. أيُّ فريق سيفوز في المباراة؟

Which team ?

3. أيُّ ملاكمٍ فاز؟

Which boxer ?

4. أيُّ نوع من السيارات اشتريتَ؟

What kind of car ?

5. أيُّ الكتابَيْن لك؟

(*who*) [NOT ~~which~~] 6. مَنْ فاز؟

---

7. أيُّ شراب تُفضِّل: الشاي أم القهوة؟

(*what books*) 8. ما الكتب التي تُفضِّلها بشكل عام؟

Exercise 14

some and _any_

Use *some* بعض with positive sentences, and *any* أيّ، أيّة with negative sentences and questions. Notice that *someone, somebody, something, anyone, anybody, anything, none, nobody, nothing, everyone, everybody, everything* are written as one word, not two words.

Translate these sentences into English.

(*some of*) 1. بعض اقتراحاته جيدة.

(*somebody*) [NOT ~~some body~~] 2. يوجد شخص ما في الخارج.

(*nobody*) 3. لا يوجد أحد في الخارج.

(*not … anybody*) 4. لم أجد أحداً هناك.

(*any fishes*) 5. نادراً ما يجدون أية أسماك هناك.

(*any mistakes*) 6. إذا وجدتَ أية أخطاء، أخبرني.

(*anything*) 7. هل هناك أي شيء أستطيع أن أعمله لكَ؟

Exercise 15

Positive *any*

Any is sometimes not negative; it can be used in positive sentences, e.g., *Anyone can do it* أيّ شخص يستطيع أن يفعل ذلك .

Translate these sentences into English.

(*anything*) 1. إنه جائع؛ إنه مستعد أن يأكل أي شيء.

(*anything*) 2. تكلم؛ قل أي شيء.

(*any*) 3. إستشرْ أيّ طبيب.

Exercise 16

many, much

Much is used with singular mass nouns, and *many* with plurals, e.g., *much money, many books. A lot of* can replace both *much* and *many* in some cases.

Translate these sentences into English.

1.   كم من المال لديك؟

How much money
_____ ?

2.   كم كتاباً لديك في مكتبتك؟

How many books
_____ ?

3.   لديه طموح كثير.
(*much ambition*)
_____

4.   يواجه مشكلات عديدة في تجارته.
(*many problems*)
_____

5.   ينتظره عمل كثير.
(*a lot of work*)
_____

6.   هل هناك كراسي بعدد الطلاب؟
(*as many chairs as*)
_____

7.   أكل كثيراً جداً من الطعام.
(*very much*)
_____

8.   خُذ بقدر ما تشاء.
(*as much as*)
_____

Exercise 17

a little, a few
● (*a*) *little*   ● قليل من الماء
● (*a*) *few copybooks*   ● قليل من الدفاتر
A little is positive, but *little* is rather negative. So are *a few* and *few*.

Translate these sentences into English.

1. أريد قليلاً من السكر والشاي. (*a little*)

____

2. يحتاج دقائق قليلة وصبراً كثيراً. (*a few, much*)

____

3. لديه القليل من الوقت والكثير من العمل.

____

Exercise 18

less, fewer

- *less (water)* / *fewer (pens)* — أقل
- *the least (work)* / *the fewest (mistakes)* — الأقل

❑ *Less* and *least* are the other degrees of *little*, i.e., comparative and superlative.

❑ *Fewer* and *fewest* are the other degrees of *few*, i.e., comparative and superlative.

Translate these sentences into English.

1. لديه مال أقل مما توقعنا. (*less money than*)

____

2. إشترى خيولاً أقل مما أراد. (*fewer horses than*)

____

3. إنه يقوم بالعمل الأقل. (*the least work*)

____

.4 إنه يواجه مشكلات أقل من السابق. *(fewer problems than)*

.5 لقد عمل أقل عدد من الأخطاء مقارنة بزملائه. *(the fewest mistakes)*

.6 هذه الغرفة أقل طولاً من تلك. *(less long)*

.7 كانت تلك الحفلة أقل الحفلات نجاحاً. *(the least successful party)*

.8 تقدم ببطء أقل. *(less slowly)*

Exercise 19

other, others, another

• another	آخَر •
• the other	الآخَر •
• the others	الآخَرون •
• others	آخَرون •

Translate these sentences into English.

.1 اِقرأ كتاباً آخر في علم اللغة. *(another)*

.2 اِقرأ كتباً أُخرى في علم الصرف. *(other, morphology)*

.3 أين المفتاح الآخَر؟ *(the other)*

---

4. يحتاج عشرة أيام أخرى لإنجاز العمل. *(another ten ...)*

____

5. يبحث عن بعض المراجع الأخرى في علم النحو. *(some other)*

____

6. أين الآخرون؟ *(the others)*

____

Chapter 2

NOUNS

Exercise 1

Mass Nouns

Mass nouns, i.e., uncountable nouns, include whole groups, fluids, solids, gases, particles, abstractions, languages, fields of knowledge, recreation, activities, and natural phenomena. Such nouns do not have plurals, do not take *a / an*, and do not take *the* when general.

Translate these sentences into English.

(*geography*) [NOT ~~the~~]	إنه متخصص في الجغرافيا.	1.

(*modern equipment*)	المختبر بحاجة إلى تجهيزات حديثة.	2.

Water is a fluid.	الماء من السوائل.	3.

[NOT ~~the copper~~] Copper,	النحاس والألمنيوم والخارصين من المواد الصلبة.	4.

[NOT ~~the oxygen~~] Oxygen and	الأكسجين والنيتروجين من مكونات الهواء.	5.

[NOT ~~the rice~~] Rice and sugar	الأرز والسكر من منتجات المناطق الحارة.	6.

7.   إنه يعرف اليونانية والبولندية والتركية والإيطالية والألمانية.

[NOT ~~the Greek~~]

He knows Greek, Polish, _____

_____

8.   من هواياته الشطرنج (*chess*) وتنس الطاولة (*table tennis*) والتزلج.

_____

9.   لديه العديد من الكتب في علم النبات (*botany*) وعلم الحيوان (*zoology*) وعلم الأحياء وعلم التشريح وعلم وظائف الأعضاء وعلم الفلك.

_____

_____

10.   المطر والندى والضباب والثلج والصقيع من الظواهر الطبيعية الشائعة.

Rain, dew, _____

11.   أعطاه نصيحة.   (*a piece of advice*) [NOT ~~an advice~~]

12.   كتب الطالب بحثاً ممتازاً.   (*a piece of research*) [NOT ~~a research~~]

_____

Exercise 2

Singular and Plural Nouns

Look at these special nouns:

- Singular nouns with no plural, e.g., *physics, measles, billiards, gymnastics.*
- Plural nouns with no singular, e.g., *arms, cattle, clothes, congratulations, earnings, goods, people, remains, thanks, trousers, troops, surroundings.*
- Plural and singular nouns, e.g., *deer, sheep, salmon.*
- Irregular plurals, e.g., *analyses, media, geese.*

Translate these sentences into English.

(*belongings*)   باع كل ممتلكاته وغادر إلى الخارج.   1.

(*thanks*) [NOT ~~thank~~]   قدَّم له الشكر على ما فعل.   2.

(*curricula*)   مناهج الدراسة بحاجة إلى تطوير مستمر.   3.

                                                  الحصبة مرض يصيب الأطفال عادة.   4.
Measles is

                                      علم الاقتصاد يعتمد على علم الإحصاء وعلم الرياضيات.   5.
Economics depends

Exercise 3

Subject-Verb Agreement

The subject has to agree with the verb. Here are some exercises on special cases of such agreement.

Translate these sentences into English.

(*are*)   لا الولد ولا البنات حاضرون.   1.
Neither

(*is*)   الولايات المتحدة أكبر مساحة من فرنسا.   2.

(*is not*)   ثلاثة أسابيع غير كافية لإنجاز هذا العمل.   3.

4. مليون دولار مبلغ كبير.   (*is*)

---

5. أكثرية (*majority*) الأعضاء لا يعلمون.   (*do not*)

---

6. ثُلث الطلاب غائبون.   (*are*)
One third

---

7. معظم الماء نقي.   (*is*)

---

8. معظم الطلاب مجتهدون.   (*are*)

---

9. مئة كيلوغرام وزن ثقيل.   (*is*)

---

10. عشرون ميلاً مسافة طويلة.   (*is*)

Exercise 4

Possessives
Notice these four possessive examples: 1. the boy's book   ● كتاب الولد   2. the boys' books   ● كتب الأولاد   3. the children's books   ● كتب الأطفال   4. Ahmad and Ali's car   ● سيارة أحمد وعلي

Translate these sentences into English.

1.   هذه سيارة صديقي.

_____

2.   أريد عنوان هاني.

_____

3.   أين حقائب التلاميذ؟

_____

4.   هذا بيت سمير وسلمى.

_____

(Every ... has to ...)   5.   كل طالب يجب أن يؤدي واجباته.

_____

(is) [NOT ~~are~~]   6.   ثُلثا الكتاب جيد.

_____

(are) [NOT ~~is~~]   7.   ثُلثا الكتب غير موجودة.

_____

(None of them understands)   8.   لا أحد منهم يفهم ما تقول.

_____

9.   الخبر سارّ.

The news is

_____

Exercise 5

Noun + Noun

Nouns are put together in three ways:

1.   singular noun + noun: flower shop   ١. دكان أزهار

2.   preposition structure: the top of the mountain   ٢. قمة الجبل

3. The 's structure: Ali's car 3. سيارة علي

The first structure is used with very common combinations. The second is used with less common ones. The third is usually used with belonging cases.

Translate these sentences into English.

1. هذا حذاء من جلد. (*leather shoe*)

---

2. أين خريطة الطرق؟ (*road map*) [NOT ~~roads map~~]

---

3. غادر ليحضر سباق الخيول. (*horse race*) [NOT ~~horses race~~]

---

4. ما أجمل حديقة الأزهار! (*flower garden*)

---

5. شاهد فلماً حربياً. (*war film*)

---

6. اشترى معجون أسنان. (*tooth paste*)

---

7. لقد قبلوا خطة هاني. (*Hani's plan*)

---

8. لديه عطلةُ شهرٍ. (*a month's holiday*)

9. الطقس غداً سيكون لطيفاً. (*tomorrow's weather*)

---

10. اِستعملَ سيارة والديه.

Chapter 3

PRONOUNS

Exercise 1

Self-Forms

Reflexive pronouns are used in both Arabic and English in a similar way: *myself, ourselves, yourself, yourselves, himself, herself, itself, themselves* (أنفسهم، أنفسهن). The same forms are used as emphatic pronouns. Such *self*-forms are written as one word each.

Translate these sentences into English.

1. جرح نفسه وهو يصلح الدرّاجة. *(cut himself)*

2. علَّمَ نفسه القراءة والكتابة دون معلّم.

3. هاني نفسه قال ذلك. *(himself)*

4. نظرتْ إلى نفسها في المرآة. *(at herself)*

5. هم أنفسهم سيحضرون غداً. *(themselves)*

6. نظر كل منهما إلى الآخر. *(at each other)*

7. نظرا إلى نفسَيْهما. *(at themselves)*

---

8. نظر كل منهم إلى الآخر. *(one another)*

---

9. على المرء أن يعتمد على الله.

One has to

---

10. على المرء أن يدافع عن بلده. *(one's country)*

---

11. شخص ما يجب أن يدفع. *(someone)*

---

12. لا أحد يُصدِّقه. *(no one)*

---

13. أرشدَ نفسه بنفسه. *(by himself)*

Exercise 2

Personal Pronouns

Subject: *I, we, you, he, she, it, they*
Object: *me, us, you, him, her, it, them*

Translate these sentences into English.

1. هو وأنا سنحاول جهدنا. *(he and I)* [NOT ~~me~~]

---

2. هم ونحن لدينا الأهداف نفسها. *(they and we)*

---

3. "من هناك؟" "إنه أنا".

Formal: It is I.

Informal: It's me.

(*between you and me*)

4. بيني وبينك، إنه في مأزق.

---

5. من فعل هذا؟

---

6. من قابلوا؟

Formal: Whom ?

Informal: Who ?

7. مع من ذهبتَ؟

Formal: With whom ?

Informal: Who with?

[NOT ~~needs~~]

8. إنه أنا الذي أحتاج مساعدتك.

Formal: It is I who need

Informal: It is me who need

Exercise 3

but me, except me

- All but <u>him</u> came.
- All except <u>him</u> came.
- Everybody but/except <u>him</u> came.
- كلهم حضروا ما عداه.

❑ After *but* and *except*, we use object forms.

Translate these sentences into English.

(*Everybody / all / everyone*)

1. كلهم نجحوا ما عداها.

Everybody but

.2 كلهم وافقوا إلاّ أنا. *(except / but me)*

.3 جميع الطلاب قدموا أبحاثاً ما عدا إبراهيم.

Exercise 4

as / than + I / me

- He is as tall as she is. (formal) — إنه في مثل طولها.
  He is as tall as her. (informal)
- He is taller than she is. (formal) — إنه أطول منها.
  He is taller than her. (informal)

Translate these sentences into English.

.1 أخوه أنشط منه. *(more active than)*

.2 أُمها أكثر صبراً منها. *(more patient)*

.3 هو أكبر سناً منها. *(older)*

.4 هي أصغر منه سناً. *(younger)*

.5 هاني أذكى مِنّي. *(cleverer)*

Exercise 5

Possessives

1. *my, our, your,* etc.
2. *mine, ours, yours,* etc.
3. *'s : the boy's book.*
4. *': the boys' books.*

Translate these sentences into English.

(*Saleem and Salma's house*) .1 هذا بيت سليم وسلمى.

(*King George the Sixth's*) .2 هذا قصر الملك جورج السادس.

(*King Farouq's*) .3 توفيت زوجة الملك فاروق قبل وقتٍ طويل.

(*mine, yours*) .4 هذا الكتاب لي وذاك لك.

(*a friend of mine*) .5 زارني صديق لي أمس.

.6 كتابُ من هذا؟

A. Whose book

B. Whose is

.7 سيارة من هذه؟

A. ?

B. ?

(*by myself*) .8 سأصلح الساعة بنفسي.

(*in my own way*) .9 سأفعلها بطريقتي الخاصة.

....

Exercise 6

each other and *one another*

- تكلم الواحد مع الآخر لمدة ساعة.
- They talked to <u>each other</u> for an hour.
  They talked to <u>one another</u> for an hour.
- They embraced each other. • تعانقا عند اللقاء.

Translate these sentences into English.

(*similar to each other*) .1 ميولهما متشابهة كل للآخر.

....

(*looked at each other*) .2 نظر كل منهما إلى الآخر.

....

(*each other's eyes*) .3 حَدَّق كل منهما في عينيّ الآخر.

....

(*congratulated*) .4 هَنَّأَ كل منهما الآخر.

....

(*forgave*) .5 سامح كل منهما الآخر.

....

(*gently*) .6 عامل كل منهما الآخر بلطفٍ واحترامٍ.

....

Exercise 7

Indefinite Pronouns

These words are called indefinite pronouns: *somebody, someone, something anybody, anyone, anything, nobody, none, nothing, everybody, everyone, everything.* Each one of them is written as one word.

Translate these sentences into English.

1. شخص ما كسر النافذة أمس. *(somebody / someone)*

2. شيء ما يقلقني. *(something)*

3. أي شخص يستطيع أن يفعل هذا. *(anybody / anyone)*

4. أي شيء يكفي. *(anything)*

5. لم يستطيع أحد أن يساعده. *(none / no one)*

6. لا شيء ينفع في مِثل ذلك الموقف. *(nothing)*

7. كل واحد مسؤول عن أفعاله أمام الله والقانون. *(accountable for)*

8. كل شيء مسموح إلاّ المحرمات. *(allowed)*

9. من سوء الحظ، لم أر أحداً هناك.

(*no one / none*)

---

10. لم أجد شيئاً هناك.

---

11. إن الله يغفر كل شيء إلاّ الشِّرْك به.

(*taking partners besides Him*)

---

12. لا شيء يغني عن الإيمان والأعمال الصالحة.

(*faith and good deeds*)

Chapter 4

PREPOSITIONS

Exercise 1

> **of**

> Examples are *sure of, an example of, proud of, died of, dream of, think of, remind of, boast of, details of.*

Translate these sentences into English.

(look forward to seeing) [NOT ~~to see~~]	أتطلع إلى رؤيتكم قريباً.	1.
(sure of what …)	لست متأكداً مما سيفعل غداً.	2.
(ran up …)	صعدتُ الدرجَ بسرعة.	3.
(was accused of)	اتُّهم بجريمة خطرة ظلماً.	4.
(afraid of) [NOT ~~from~~]	إنه خائف من الفيلة.	5.
(agree with)	أتفق معك تماماً.	6.
(to)	أوافق على اقتراحك.	7.

8. إنه غاضب منها لما قالت عنه.   *(angry with ... for ...)*

9. إنني قلق حول المشروع.   *(anxious about)* [NOT ~~around~~]

10. أعتذر لك عما بدر مني.   *(to you for ...)*

11. وصل عمَّان أمس قادماً من أثينا.   *(arrived in)* [NOT ~~at~~]

12. وصل المطار أمس قادماً من الجزائر.   *(at, Algiers)*

13. إنه ضعيف في الرياضيات.   *(weak at)* [NOT ~~in~~]

14. أُومنُ بالله وجميع رسله.   *(believe in, messengers)*

15. إنه ينتمي إلى الحزب الوطني.   *(belongs to)*

16. احمرَّ وجهه من الغضب.   *(red with anger)* [NOT ~~from~~]

17. إنه حاذق في علم الإحصاء.   *(good at)* [NOT ~~in~~]

18. أهنئك على نجاحك الكبير.   *(on / for)*

19. اصطدم بالسيارة التي أمامه.   *(crashed into)* [NOT ~~against~~]

Exercise 2

on
Examples are *rely on, depend on, insist on, dependent on, dependence on, insistence on, reliance on, reliant on, congratulate on / for.*

Translate these sentences into English.

1. إنه معتمد مالياً على والده. *(dependent on)*

....

2. إنه مستقل عن والديه من ناحية مالية. *(independent of)* [NOT ~~from~~]

....

3. مات في الصحراء عطشاً. *(died of)* [NOT ~~from~~]

....

4. لديه مصاعب في نيل التأشيرة. *(has difficulty with)* [NOT ~~in~~]

....

5. كان مستاءً نوعاً ما من صديقه. *(disappointed with)* [NOT ~~from~~]

....

6. كان مستاءً مما وقع. *(disappointed with / at / about)*

....

7. دخلنا في نقاش مستفيض حول الاقتصاد. *(discussion about)*

....

8. ينقسم المقرر إلى ثلاثة مواضيع. *(is divided into)* [NOT ~~to~~]

....

9. يحلمِ بالسعادة. *(dream of)*

____

10. اصطدم بسيارته بالحائط المجاور. *(drove into)* [NOT ~~against~~]

____

11. كانت مُرتدية ملابس زرقاء. *(dressed in blue)*

____

12. دخل في الغرفة مسرعاً. *(entered)* [No preposition]

____

13. دخلوا في اتفاقية سلام مع العدو. *(entered into)* [NOT ~~in~~]

____

14. الأفاعي مثال على الزواحف. *(an example of)* [NOT ~~on~~]

____

15. اشرح النظرية لها. *(explain … to …)*

____

16. إنه واقف بين أخيه وأخته. *(between)*

____

17. إنه واقف بين والده ووالدته وأخيه. *(among)* [NOT ~~between~~]

____

18. عملته لك. *(for)* [NOT ~~to~~]

____

19. أرسلته لك. *(to)* [NOT ~~for~~]

____

Exercise 3

get in(to), out of, get on(to), off

• got in, got into	• ركب السيارة/ التاكسي/ القارب.
• got out of	• نزل من السيارة/ التاكسي / القارب.
• got on, got onto	• ركب القطار/ الطائرة/ الباص/ السفينة/ الدراجة/ الحصان.
• got off	• نزل من القطار/ الطائرة/ الباص/ السفينة/ الدراجة/ الحصان.

Translate these sentences into English.

1.   ركب السيارة ثم نزل منها وركب الباص.

(*got into, got out of, got onto*)

_____

2.   كان مريضاً بالأنفلونزا.

(*ill with*) [NOT ~~by~~]

_____

3.   إنني معجب بإنجازاتك.

(*impressed with / by*)

_____

4.   ستكون هناك زيادة كبيرة في الرواتب.

(*a big increase in*)

_____

5.   نالت الجزائر استقلالها من فرنسا.

(*got ... from*)

_____

6.   إنه يصر على نيل حقوقه كاملة.

(*insist on*)

_____

7.   ليس لديه ميل إلى علم الأحياء.

(*interest in*) [NOT ~~to~~]

_____

(*interested in*) 8. إنه مهتم بالرياضيات.

(*kind to*) [NOT ~~with~~] 9. كن لطيفاً مع جميع الناس.

Exercise 4

to
Examples are *kind to, cruel to, rude to, nice to, listen to.*

Translate these sentences into English.

(*lack of fuel*) [NOT ~~in~~] 1. هناك نقص في الوقود.

(*lacks*) [No preposition] 2. تنقصه اللباقة الاجتماعية.

(*at*) [NOT ~~from~~] 3. لا تضحك منه.

(*about*) 4. لقد ضحكوا من هذه القصة.

(*listen to*) 5. إِستمعْ إليه.

(*look after*) 6. الأم تعتني باولادها.

(*is looking for*) 7. علي يبحث عن كتبه الضائعة.

---

8. انظر إلى هذه الصورة بعناية. — *(look at)* [NOT ~~to~~]

9. زواجه منها كان في العام الماضي. — *(marriage to)* [NOT ~~from~~]

10. تزوجها قبل عشر سنوات. — *(married her / was married to her)*

11. أجروا له عملية جراحية ناجحة. — *(operated on ...)*

12. اِدفع لما اشتريتَ. — *(pay for)*

13. إنني مسرور منك جداً. — *(pleased with)* [NOT ~~from~~]

14. إنني مسرور مما قلتَ وفعلتَ. — *(pleased with / about / at)*

15. كُن مؤدباً مع والديك. — *(polite to)* [NOT ~~with~~]

Exercise 5

from
Examples are *prevent from*, *suffer from*, *hinder from.*

Translate these sentences into English.

1. الدواء الذي يأخذه منعه من النوم. — *(prevented ... from)*

.2 ما الدليل على صداقتك؟ (*proof of*) [NOT ~~for~~]

.3 ما سبب تأخرك؟ (*reason for*) [NOT ~~of~~]

.4 ذكِّرني بالامتحان غداً. (*remind ... of*)

.5 أنت مسؤول عن أفعالك أمام الله. (*responsible for ... before*)

.6 لا تكن فظّاً معهم. (*rude to*) [NOT ~~with~~]

.7 اِلتقاهُ صدفة في الجامعة. (*ran into*)

.8 فَتَّشَتْ الشرطة حقائبهم. (*searched*) [No preposition]

.9 بحثوا عن الوثائق المفقودة دون فائدة. (*searched for*) [NOT ~~about~~]

.10 لقد صُدِم من جراء الحادث. (*shocked at*)

.11 كان في المستشفى في أثناء الصيف لمدة أسبوعين. (*during, for*)

.12 لا تصرَخ في وجهه هكذا. (*shout at*)

.13 نادِه، من فضلك. (*shout to him*)

Exercise 6

for

Examples are *accountable for, thanks for, search for, pay for, look for, reasons for, sorry for, responsible for.*

Translate these sentences into English.

(sorry for)   أنا آسف لتأخري.   1.

(speak to / with)   أريد أن أتكلم معك لدقيقة واحدة.   2.

(suffer from, chronic)   يُعاني من مرض مزمن.   3.

(to take part in)   سافر للاشتراك في المؤتمر.   4.

(think of / about)   يفكر في تغيير التخصص.   5.

(threw ... at) [NOT ~~on~~]   رمى المتظاهرون حجارة على السيارات.   6.

(Translate into) [NOT ~~to~~]   ترجم هذه الجُمَل إلى الإنجليزية.   7.

(wrong with)   ما خطبك اليوم؟   8.

(a book by) [NOT ~~from~~]   هذا كتاب من تأليف علي.   9.

10. إستقال لأسباب عديدة. *(for several reasons)*

11. جاء الأب ماشياً وجاء الابن على ظهر حصان. *(on foot, on horseback)*

12. جاء علي براً وابنه بحراً وابنته جواً. *(by land, by sea, by air)*

13. من وجهة نظري أنتَ على صواب. *(From my point of view,)*

Exercise 7

into

Examples are *divide into, crash into, drive into, translate into, enter into, run into.*

Translate these sentences into English.

1. في رأيي، إنه مخطئ. *(In my opinion,)*

2. أكتبْ بقلم حبر، وليس بقلم رصاص. *(with a pen)* [NOT ~~by~~]

3. أكتبْ بالحبر وليس بالرصاص. *(in ink)* [NOT ~~with~~]

4. أحبُ المشي تحت المطر والثلج. *(in the rain)*

(in the blue shirt)	من هو ذاك الرجل بالقميص الأزرق؟	5.

(on page 50)	انظر إلى التمرين التاسع على صفحة 50.	6.

(on the radio)	ما هي البرامج على الراديو غداً؟	7.

(on the phone)	مَن على الهاتف؟	8.

(on time)	وصل في الوقت المحدد تماماً.	9.

(in time)	وصل في الوقت المناسب.	10.

Exercise 8

No preposition

Although the Arabic structure sometimes has a preposition, the parallel English structure does not have a preposition.

● He entered the room.   دخل في الغرفة. ●

Translate these sentences into English.

(discuss your plan) [No preposition]	دعنا نبحث في خطتك.	1.

(entered the mosque) [No preposition]	دخلوا في المسجد لأداء الصلاة.	2.

---

3. تزوجتْ منه قبل شهر. (*married him*) [No preposition]

---

4. القطار يقترب من العاصمة.

(*is approaching the capital*) [No preposition]

---

5. تعال في أيّ يوم تشاء. (*any day*) [No preposition]

---

6. زرنا في كل أربعاء. (*every ...*) [No preposition]

---

7. سيقابله الثلاثاء القادم. (*next ...*) [No preposition]

---

8. سيسافر مساء الخميس. (*on Thursday evening*)

---

9. يسوق بسرعة 100 كم في الساعة. (*at ... per hour*)

---

10. في أي وقت تصل الطائرة؟

(*What time*) [More natural than *At what time*]

---

11. أراك حوالي الساعة الرابعة غداً. (*at about*)

---

12. عاش في سويسرا طيلة خمس سنوات. (*for*)

---

13. ذهب إلى البيت مبكراً. [No preposition]

(*for*) هذه هدية لك. .14

Exercise 9

Wh- Question ...Preposition

- What are you looking at? ● إلامَ تنظر؟
- At what are you looking?

❑ With *wh*-questions, there are two options: the preposition comes either last or first. The initial position is more formal.

❑ If the preposition is *since* or *during*, it must be placed initially, and not finally

Translate these sentences into English.

1. مع من ذهبتَ؟

Who ______ with?

With whom ______ ?

2. عَلامَ تنظر؟

What ______ at?

At what ______ ?

3. من أين جاء؟

Where ______ from?

From where ______ ?

4. لمن هذه الهدية؟

Who ______ for?

(*worried*)	مِمَّ أنتَ قلِق؟ .5
What about?	
About what ?	؟

(*to play with*)	إنها تريد أطفالاً لتلعب معهم. .6

(*to sit on*)	يريد كرسياً ليجلس عليه. .7

[Preposition first]	خلال أي قرن حدث ذلك؟ .8
During which century ?	؟

[Preposition first]	منذ متى وأنت تنتظر؟ .9
Since when ?	؟

Exercise 10

Preposition and *that*-clauses

- I am sure that he will come.   أنا متأكد (من) أنه سيحضر.

☐ Although Arabic makes the preposition optional before the *ʔanna*-clause, English omits such a preposition.

Translate these sentences into English.

(*aware that*) [NOT ~~aware of that~~]	إنّي مُدرِكٌ أنَّ الوضع خطير. 1

	إنني مندهش من أنه مصر على خطئه. .2
(*am surprised that*) [NOT ~~at that~~]	

3. إنني متأكد من الأمر. *(sure of)* [NOT ~~from~~]

---

4. إنني مدرك لخطورة الموقف. *(aware of)*

---

5. إنني مندهش من إصراره على الخطأ. *(surprised at)*

---

6. في أي بيت يقيم؟ *(At what)*

---

7. من المستحيل العمل معه.

It is ______ with him.

He is ______ to work with.

Exercise 11

Translate these sentences into English.

1. بالرغم من الطقس البارد، خرج للجري. *(In spite of)*

---

2. لدهشتي، اتصل بي الساعة الثانية ليلاً.

To my surprise, ______

3. الطلاب في الباص كانوا يغنون. *(on the bus)* [NOT ~~in~~]

---

4. من ناحية أخرى، كان هو محقاً في مطالبه. [NOT ~~from~~]

On the other hand, ______

5. الزجاج مصنوع من الرمل. (*made from*) [NOT ~~of~~]

---

6. الكأس مصنوع من الزجاج. (*made of*) [NOT ~~from~~]

---

7. خلق الله آدم من تراب. (*from clay*) [NOT ~~of~~]

---

8. يقع البحر الميت تحت مستوى البحر. (*below sea level*) [NOT ~~under~~]

---

9. هناك جبال ترتفع ألف متر أو أكثر فوق مستوى البحر.
(*above sea level*) [NOT ~~over~~]

---

10. وقع عِراك بينهما. (*a fight between*)

Exercise 12

Translate these sentences into English.

1. ولد الساعة الخامسة في الخامس من آب عام 1980.
(*at 5 on August 5 in 1980*)

---

2. قام بجولة سياحية من أول يونيو حتى أول أيلول. (*from ... to*)

---

3. سهر حتى منتصف الليل. (*until midnight*)

[No preposition]	جاء الخميس الماضي.	.4
(all week) [NOT for all week]	أقام هناك طيلة الأسبوع كله.	.5
(for)	اِستشهد من أجل الله والوطن.	.6
(for) [NOT to]	اِشترى لعبة جميلة لابنه الوحيد.	.7
(to) [NOT for]	أعطى الرسالة له.	.8
(borrowed)	اِستعرتُ الكتاب من المكتبة.	.9
(comes from)	إنه ينحدر من أصل ألماني.	.10

Exercise 13

Translate these sentences into English.

(with great courtesy)	اِستقبلونا بكل حفاوة.	.1
(like an epidemic)	مع الأسف، انتشرت الشائعات كالوباء.	.2
(with) [NOT by]	يكتب بيده اليسرى.	.3

(*by*) [NOT ~~with~~]	تنجح بالاجتهاد والمثابرة.	.4
(*known to*)	هذه القصة معروفة للجميع.	.5
(, *with* ...,)	علي، ومعه عدة طلاب، جاءَ متأخراً.	.6
(*Mix* ... *with*)	اِخلط الليمون بالسكر المذاب.	.7
(*of*) [NOT ~~with~~]	إنه رجل ذو حكمة وشجاعة.	.8
(*without*)	أمريكا دولة قوية ولكن دون مرجعية أخلاقية.	.9
(*With reference to*)	بالإشارة إلى رسالتكم، أود إعلامكم... .	.10
(*As for me,*)	أما بالنسبة لي، فأنا أفضل العصير على القهوة.	.11
(*except / but*)	كلهم ما عدا علي قد حضروا في الوقت المحدد.	.12
(*on*) [NOT ~~in~~]	هذا كتاب في الفيزياء، وليس في الكيمياء.	.13
(*on*)	أعطى محاضرة عن الحرب من أجل النفط.	.14
(*to the fact that*)	لقد انتبهوا إلى حقيقة أن أسعار النفط بارتفاع مطرد.	.15

Exercise 14

Preposition + Preposition

- She spoke to him <u>from</u> <u>behind</u> the door. ● كلمتهُ من خلف الباب.

❑ Two prepositions may sometimes follow one another.

Translate these sentences into English.

(*from within*) 1. أكلمك بإخلاص من صميم قلبي.

(*from under*) 2. سمع انفجارات متوالية من تحت البحر.

(*from above*) 3. رأى نسراً من فوق الشجرة.

Exercise 15

Modifier + Preposition

● كتب الوصية قبل موته بأسبوعين.

- He wrote the will <u>two weeks</u> <u>before</u> his death.

● المخزن خلف البيت تماماً.

- The store is <u>exactly</u> <u>behind</u> the house.

❑ We may use a premodifier to modify the preposition.

Translate these sentences into English.

(*exactly like*) 1. إنه كريم مثل والده تماماً.

---

2.   تبعد المدرسة ميلاً من وسط المدينة.   (*a mile from*)

_____

3.   سيحضر بعد ساعتين من الغداء.   (*two hours after*)

_____

4.   مكتبه بجانب الجامعة بالضبط.   (*right beside*)

_____

Chapter 5

ADJECTIVES AND ADVERBS

Exercise 1

Copula Verbs

Copula verbs take an adjective as a subject complement. Examples are *be, seem, feel, look, get, smell, taste, become*, e.g., *He became rich.*

Translate these sentences into English.

1. بدت الخطة مستحيلة.

The plan appeared impossible.

2. إنها لطيفة بشكل مدهش مع الحيوانات. *(amazingly kind)*

3. هل تعتقد أنها ألماسة حقيقية. *(a real diamond)*

4. يبدو غاضباً وقلقاً. *(angry)*

5. نظر إليه غاضباً. *(angrily)*

.6 السلطة المطلقة تفسد بشكل مطلق.

Absolute power corrupts

.7 أدفع لهم شهرياً. (*monthly*)

.8 إنها مجلة سياسية شهرية.

Exercise 2

***the* + adjective**

If *the* + adjective is used without a noun, it refers to a social group and functions as a plural noun, e.g., *the old, the poor, the deaf, the homeless.*

Translate these sentences into English.

.1 على الأغنياء (*the rich*) أن يساعدوا الفقراء (*the poor*).

.2 الصم والبكم والعمي يحتاجون رعاية خاصة.

The deaf, the dumb,

.3 يجب أن يحترم الصغار (*the young*) الكبار (*the old*).

.4 على الأحياء (*the living*) ألا ينسوا الأموات (*the dead*).

.5 على الدولة أن تجد وظائف للعاطلين عن العمل. (*the unemployed*)

.6 من يرعى المرضى (*the sick*) وكبار السنّ؟

.7 المعوّقون (*the handicapped*) بحاجة إلى مساعدة من الجميع.

Exercise 3

Proper Adjectives

Proper adjectives, like proper nouns, are capitalized, e.g., *Turkish, French, Irish, Mexican.*

Translate these sentences into English.

.1 إنهم يستوردون بضائع روسية (*Russian*) وصينية (*Chinese*) وجزائرية (*Algerian*) وألمانية (*German*) ونمساوية (*Austrian*).

.2 هناك أنواع عديدة من السيارات: يابانية وبرتغالية وكورية (*Korean*) وأمريكية.

Exercise 4

Adverbs of Frequency

Notice the position of adverbs of frequency and certainty:

1. You are usually early.
2. He usually forgets quickly.

Translate these sentences into English.

.1 يحدث هذا في الصباح الباكر عادةً. (*usually happens*)

2.   تُحَضِّر أمها وجبة العشاء دائماً.   (always prepares)

3.   لا يستطيع أبداً أن ينهض مبكراً.   (can never)

4.   هذه الحلويات هي الأفضل بالتأكيد.   (are definitely)

5.   أحياناً يكون الاختبار صعباً.   (is sometimes)

6.   من المحتمل أن تكون على صواب.

Exercise 5

even, only

We often use *even* and *only*, as focusing adverbs, after the verb *be* and before lexical verbs, to focus words coming later in the sentence, e.g., *He even swims in cold water*. We can also use *even* and *only* directly before the words which they emphasize, e.g., *He swims even in cold water*.

Translate these sentences into English.

1.   إنها تنهض مبكرة حتى في يوم الجمعة.

She even gets up early on Friday.

2.   إنه يحب الرياضيات فقط.   (only loves)

3.   يمكنك استخدام البركة في الصيف فقط.   (can only use)

4. حتى الأطفال يفهمون ذلك.

Even children

5. إنهم يلعبون كرة القدم حتى في المطر.

Exercise 6

Order of Adverbs

If adverbs are used at the end of the sentence, they come in this order: an adverb of manner, adverb of place, and adverb of time, e.g., *They are playing quietly in the garden now.*

Translate these sentences into English.

1. ضع الحليب في الثلاجة الآن.

2. اِقرأ الجُمَل ببطء فيما بعد. *(slowly later)*

3. إنه يذهب إلى العمل في المكتبة أيام الجمعة. *(on Fridays)*

4. لا أستطيع أن أُعبِّر عن مشاعري بوضوح. *(clearly)*

Exercise 7

still, yet, already

Look at these adverbs: *still, yet, already. Still* and *already* go with the verb, but *yet* comes at the end of the sentence.

Translate these sentences into English.

1. لقد أنهيت المهمة من قبل. (*already*)

____

2. هل ما تزال في الوظيفة ذاتها؟ (*still*)

____

3. ما تزال السماء غائمة. (*still*)

____

4. لمّا يحضر بعد. (*yet*)

____

5. هل أقلعت الطائرةُ بعد؟ (*yet*)

____

Exercise 8

Comparatives and Superlatives

Some sentences use comparative and superlative adjectives and adverbs, e.g., *later, latest, more wonderful, most wonderful.* Such forms may be regular or irregular, e.g., *better, best.*

Translate these sentences into English.

1. اِشترِ قلماً أحسن.

Buy a better pen.

2. يجب أن تحترم أخاك الأكبر. (*elder*)

____

3. لا تذهب أبعد من هذا. (*further / farther*)

____

(higher)   .4   درجتك في هذا الامتحان أعلى منها في الامتحان السابق.

_____

                                                  .5   اِمشِ أسرع لتصل أبكر.

_____

(harder)   .6   اِعمل بجد أكبر لتحصل على معدّل أفضل.

_____

(more fluently)   .7   تمرّن أكثر كي تتكلم الإنجليزية بطلاقة أحسن.

_____

Exercise 9

Comparative Modifiers

Before comparatives, we can use modifiers like *much*, *far*, *very much*, *a little*, *a bit*, *any*, *no*, *even*, e.g., *He is a little better*.

Translate these sentences into English.

(much happier)   .1   إنه أسعد كثيراً الآن.

_____

(a little older)   .2   إن سميراً أكبر قليلاً من هاني.

_____

(no faster)   .3   القطار ليس بأسرع من الباص.

_____

(far better)   .4   إنك أحسن كثيراً الآن.

_____

(*very much farther*) لندن أبعد كثيراً جداً من أثينا. .5

Exercise 10

-*er than*

We use *than* with comparative structures, but it may be omitted, e.g., *He is older* (*than his brother*). However, *than* is not used with superlative structures.

Translate these sentences into English.

(*faster than*) الطائرة أسرع من القطار. .1

(*taller*) إنها أطول من أخيها بكثير. .2

(*the tallest*) هو الأطول بين زملائه. .3

(*the fastest*) هاني هو الأسرع في الطباعة. .4

(*the highest*) جبل إفرست أعلى جبل في العالم. .5

(*the lowest*) البحر الميت أكثر نقطة انخفاضاً على الأرض .6

(*largest*) آسيا أكبر قارة من بين القارات كلها. .7

Exercise 11

Double Comparatives

To express change, we may use double comparatives, e.g., *It's getting hotter and hotter, He's going more and more quickly.*

Translate these sentences into English.

1. صحته أصبحت أسوأ وأسوأ. (*worse and worse*)

____

2. السماء صارت أصفى وأصفى. (*clearer and clearer*)

____

3. السلع أصبحت أغلى وأغلى. (*more and more expensive*)

____

4. يبدو أصغر وأصغر مع مرور السنوات.

____

5. الحروب أصبحت أكثر تدميراً من ذي قبل.

____

Exercise 12

Parallel Comparatives

Look at these parallel comparatives or conditional comparatives: *<u>The</u> <u>earlier</u> you go, <u>the</u> <u>better</u> it is.*

كلما ذهبت أبكر كان أفضل.

Each clause begins with *the* + a comparative.

Translate these sentences into English.

1. كلما سكنتَ هنا أطول، أحببتَ المكان أكثر.

The longer you live here, the more you like it.

___

(*The more..., the less*)   2. كلما زاد العَرْض، صار السِّعر أقل.

___

(*The more..., the higher*)   3. كلما زاد الطلب، صار السِّعر أعلى.

___

(*The older..., the more*)   4. كلما تقدم سنُّك، زادت خبرتُك.

___

(*The more..., the more*)   5. كلما تعلَّمتَ أكثر، نسيتَ أكثر.

___

(*expansion*)   6. كلما زادتْ الحرارة، زاد التمدد.

___

(*The more..., the fatter*)   7. كلما زاد أكْلُكَ، زادت سِمْنتُكَ.

___

8. كلما درسْتَ أكثر، علمْتَ أكثر.

___

(*violence*)   9. كلما زاد الظلمُ، زاد العنف.

___

Exercise 13

```
┌─────────────────┐
│ Superlatives    │
└─────────────────┘
```

> The superlative adjective is usually preceded by *the* and followed by a noun,
> e.g., *the fastest runner*. If no *the* is used, no noun is used, e.g., *He is fastest in*
> *running*. If *of* is used, a plural is used after it, e.g., Sentence 2.

Translate these sentences into English.

1. القاهرة أكبر مدينة في إفريقيا.

Cairo is the largest city in Africa.

2. القاهرة أكبر مدينة من بين مدن إفريقيا.

Cairo is the largest city of the cities in Africa.

3. هذا أفضل كتاب في الكتب التي قرأتها. (*of*) [NOT ~~in~~]

4. إنه أذكى طالب في صفِّه. (*in*) [NOT ~~of~~]

5. باريس أجمل مدينة في أوروبا. (*in*)

6. الأسود هي الأشد خطورة وهي جائعة. (*most dangerous*)

7. إنه أفضل شاعر حديث.

8. القرية أشد هدوءاً في الصباح الباكر. (*quietest*)

9. هذا الأسلوب هو الطريقة الأكثر كفاءة في تعلم اللغة.

Exercise 14

as … as, the same … as

Look at these sentences:

- She is older than me. — إنها أكبر سناً منّي.
- He is as old as she. — هو وهي في العمر نفسه.

  He is the same age as she.

Translate these sentences into English.

(later than)	1. إن الوقت أكثر تأخراً مما ظننت.
(a litter faster)	2. ألا تستطيع أن تسوق أسرع قليلاً؟
(the same as)	3. سيكلف هذا المنزل مثل منزلك.
	4. عدد صفحات هذا الكتاب مثل عدد صفحات ذاك.
(as tall as)	5. إنها تساوي أخاها في الطول.
(as well as)	6. يتكلم الفرنسية جيداً مثل الآخرين.
(not as successful as)	7. عليّ ليس في مثل نجاح أبيه.
	8. الغرفة باردة كالثلج.
(a tortoise)	9. إنه بطيء كالسلحفاة.
(as much time as)	10. ليس لديّ وقت كثير كما ظننتَ.
(as many workers as possible)	11. نحتاج أكبر عدد ممكن من العمال.

Exercise 15

like and *as*

Look at these sentences:

- Ali is like his father. ● علي يشبه أباه.
- None knows him as I do. ● لا أحد يعرفه مثلي.
- ● كصديق لك، أنصحك بأن ترى الطبيب.
- As your friend, I advise you to see the doctor.
- He works as a doctor. ● إنه يعمل طبيباً.

Translate these sentences into English.

1. لقد صلَّحتُها، كما ترى. *(as you see)*

2. كما قلتُ لك، الوقت صار متأخراً. *(as I said)*

3. البنتُ عادةً تشبه أمها. *(like)*

4. في القاهرة، كما في بغداد، السير مزدحم. *(as in)*

5. عمل محامياً لمدة خمس سنوات. *(as a lawyer)*

6. كما تعلم، إني مسافر غداً. *(as you know)*

7. يستعمل هذه الغرفة كمكتب. *(as an office)*

(*like that*) .8 أحب أن تكون لديّ سيارة مثل تلك.

Exercise 16

so, such

Look at these sentences:

- كانت المحاضرة صعبة حتى أنني لم أفهم شيئاً.
- The lecture was so difficult that I understood nothing.
- It was such a difficult lecture that I understood nothing.

❑ Notice that so is used before an adjective phrase, but such before a noun phrase.

Translate these sentences into English.

.1 لا أدري لماذا تتكلم بمثل هذا الصوت العالي. (*in such a loud voice*)

.2 محاضرات أستاذي ممتعة لدرجة أنني لا أحب أن تنتهي.

(*so interesting that*)

.3 لم أكن أعلم أن لديك مثل هؤلاء الأبناء. (*such sons*)

.4 لا تَسُقْ بمثل هذه السرعة. (*so fast*)

.5 كان كتاباً رائعاً لدرجة أنني قرأته مرتين. (*such ... that*)

Chapter 6

AUXILIARIES

Exercise 1

be

> *Be* is used in sentences about age, height, weight, size, color, and physical characteristics and conditions.

Translate these sentences into English.

1. هناك حقول واسعة في كل مكان.

There are _____

2. إنه مريض ومتعب ونعسان.

(*sleepy*) _____

3. إنه جائع وعطشان.

_____

4. الطفل نائم وأخته مستيقظة.

(*asleep, awake*) _____

5. ما لون عينيه؟

(*What color ...*) _____

6. الغرفة ستة أستار في خمسة.

(*by*) _____

7. عمره سبع سنوات.

(*He is...*) [NOT ~~His age is~~] _____

Exercise 2

```
┌─────────┐
│ *do*    │
└─────────┘
```

Look at these sentences:

- I <u>do</u> agree. (emphatic *do*).   أوافق فعلاً.

- He left yesterday, <u>didn't</u> he?   سافر أمس، أليس كذلك؟

❑ We use *do* to express emphasis and to make question-tags when the previous verb has no auxiliary.

Translate these sentences into English.

(have done)	أشكرك حقاً لما (for) فعلته.	1.
(did enjoy)	استمتعتُ فعلاً بالتحدث إليك.	2.
(does master)	يتقن اللغة اليابانية فعلاً.	3.
(doesn't he)	إنه يحب الشطرنج، أليس كذلك؟	4.
	إنهم يقاتلون العدو ببسالة، أليس كذلك؟	5.
(for God's sake)	قدَّم حياته في سبيل الله، أليس كذلك؟	6.

Exercise 3

```
┌──────────┐
│ *be, make* │
└──────────┘
```

See the difference between do and make. We say do good, do business, do a favor, do the duty, do the cleaning, but make

> a plan, make an attempt, make an offer, make a mistake, make a noise.

Translate these sentences into English.

(make a copy)	اِعملْ نسخة من هذه الرسالة.	1.
(make ... for)	اِعملي لنا كعكة لذيذة.	2.
(did a favor)	قَدَّمَ لها معروفاً لن تنساه.	3.
(Do your best ...)	اِعملْ جهدك لمساعدته كي ينجح.	4.
(made an attempt)	قام بمحاولة لإنقاذ الغريق.	5.
(made a remarkable effort)	بذل جهداً ملحوظاً لشرح القضية.	6.
(made an excuse)	قَدَّم اعتذاراً عمّا بدر منه.	7.
(made mistakes)	عمل بعض الأخطاء النحوية في الفقرة.	8.
(made a decision)	اِتخذ قراراً صعباً بشأن الموضوع.	9.
(do something)	حان الوقت لنعمل شيئاً.	10.

11. صنع القاربَ وحدهُ.   *(made)*

---

12. يجب أن تقوم بواجباتك كاملة.   *(do your duties)*

---

13. قدَّم عَرْضاً بتمويل المشروع.   *(made an offer)*

---

14. قامت أمريكا بحروب غير عادلة عدة مرات.   *(made unfair wars)*

Exercise 4

> **have**
>
> Look at these usages of *have*: *have breakfast, have a wash, have a rest, have a trip, have a good time, have a talk, have a swim, have a look, have an accident.*

Translate these sentences into English.

1. هل سمعتَ بما حدث؟   *(Have you ...)*

---

2. لديهم ثلاث سيارات ودراجة نارية.   *(have)*

---

3. هل لديك أشقاء؟   *(Do you have ...)*

---

4. إنه يستحم الآن، أليس كذلك؟   *(is having a bath)*

---

5. كان عليك أن تدرس بجدٍ أكثر. *(had to)*

____

6. إنه يتناول طعام الغداء الآن. *(is having lunch)*

____

7. دخل صديقي في شجار مع جاره. *(had a quarrel)*

____

8. ألقِ نظرةً إلى هذا الوادي الجميل. *(Have a look ...)*

____

9. لدينا اجتماع كل سبت. *(have a meeting)*

____

10. لدينا ترجمة الساعة التاسعة كل أحد. *(have)*

____

Exercise 5

Modals

Modal auxiliaries are may, might, can, could, shall, should, will, would, must, ought to, have to, had better, would rather, used to.

They are used before verbs, in question-tags, and short answers.

- may, might: probability, permission, requests. — يمكن
- can, could: ability, permission, requests. — يستطيع، استطاع
- shall, will: futurity. — سوفَ، سَ
- must, have to: necessity. — يجب
- should, ought to, had better: advisability. — ينبغي، يجدر
- must not: prohibition — يجب ألاّ.

● don't have to: lack of necessity.	لا يجب ●
● *would rather*: preference.	يفضّل ●

Translate these sentences into English.

(can)	تستطيع أن تتكلم الإيطالية، أليس كذلك؟	1.
(would like)	يحب أن يسافر إلى الخارج كثيراً.	2.
(could not)	لم يستطع أن يتخصص في الإحصاء.	3.
(Could you ...)	هل من الممكن أن تُمرِّر الملح لي؟	4.
(Can ...)	هل تستطيع أن تعزف على البيانو؟	5.
(may settle)	من المحتمل أن نستقر هنا.	6.
(must)	يجب أن تخاف الله كأنك تراه.	7.
(must)	لا بُدَّ أنه مريض.	8.
(may)	من المحتمل أن تمطر غداً، وقد تثلج (snow) أيضاً	9.
(should) [NOT ~~must~~]	يجدر بك أن تزوره.	10.

Exercise 6

Translate these sentences into English.

1.   يجب أن تُصلّي خمس مرات في اليوم.   (must pray)

---

2.   ماذا ينبغي أن أفعل؟   (should) [NOT ~~must~~]

---

3.   وجَبَ عليه أن يحصل على علاج طبيعي.   (had to) [NOT ~~must~~]

---

4.   يجب عليك ألا تغتاب الناس.   (must not backbite)

---

5.   إيّاكَ والغيبة والنميمة.   (Beware of ...)

---

6.   لا يجب عليك أن تسافر الآن.   (do not have to) [NOT ~~must not~~]

---

7.   لا يجب عليك أن تقلق.

---

8.   يجب ألا تقلق بشأن سفره.

---

9.   لا يجب أن يعمل في يوم العطلة.   (doesn't have to)

---

10.   بإمكاني أن أراك اليوم أو غداً.   (can)

Exercise 7

Translate these sentences into English.

(Can I)	هل بالإمكان أن أسألك سؤالاً؟	1.

(Could you possibly)	هل تتكرم بمساعدتي؟	2.

(will)	سأوقف التدخين فوراً.	3.

(will repay)	أعد أن أُسدّد الدين كله غداً.	4.

(shall)	متى سنأتي ونزورك؟	5.

(Shall I ...)	أأحمل حقيبتك؟	6.

(shall I)	ماذا سأقول لهم عندما يحضرون؟	7.

(should have been)	كان ينبغي أن تكون هنا منذ ساعة.	8.

(should have helped)	كان ينبغي عليك أن تساعده.	9.

(could have lent)	كان باستطاعتك أن تقرضه بعض المال.	10.

Exercise 8

Translate these sentences into English.

(*had better put*)	الأفضل أن تضع اللحم في الثلاجة.	.1
(*had better do*)	الأفضل أن تؤدي عملك بسرعة.	.2
(*had better ask*)	من الأحسن أن تسأل الطبيب.	.3
(*used to smoke*)	إعتاد أن يدخن وهو شاب.	.4
(*used not to smoke*)	لم يعتد أن يدخن وهو شاب.	.5
(*is used to*)	إنه معتاد على الطقس البارد.	.6
(*is supposed to*)	من المفروض أن يكون غنياً.	.7
(*are not supposed to*)	ليس من المفروض أن تفعل ذلك.	.8
(*in*)	سيكون هنا في خلال دقائق قليلة.	.9
(*are to / are expected to*)	من المتوقع أن تكون هنا غداً.	.10

(are to / are expected to)	11. من المتوقع أن نجلس للامتحان اليوم.

I would rather read than watch	12. أُفَضِّل أن أقرأ هذا الكتاب على أن أشاهد التلفزيون.

13. يُفَضِّل أن يشرب القهوة على أن يشرب العصير.

Chapter 7

LEXICAL VERBS

Exercise 1

Tenses

See how tenses may be translated:

1. *write, is writing* (present simple, present progressive)	1. يكتب
2. *has written* (present perfect)	2. قد كتب
3. *had written* (pest perfect)	3. كان قد كتب
4. *will have written*	4. سيكون قد كتب
5. *was writing* (pat progressive)	5. كان يكتب
6. *will be writing* (future progressive)	6. سيكون يكتب
7. *wrote* (past simple)	7. كتب
8. *will write* (future simple)	8. سيكتب

Translate these sentences into English.

1. سيحضر الساعة التاسعة صباح السبت. *(is coming / will come)*

---

2. تهبط الطائرة الساعة الثامنة. *(lands)*

---

3. عندي محاضرة الساعة التاسعة صباح الغد. *(have a lecture)*

.4 إنه يُلقي محاضرة الآن.

.5 لقد ألقى محاضرة من قبل.

.6 عمل الواجب البيتي قبل ذهابه إلى النوم.

.7 كان يكتب عندما دقَّ جرس الهاتف.

Exercise 2

Time Clauses

We use present tenses, not future tenses, in *if*-clauses and time clauses although we talk about the future.

Translate these sentences into English.

.1 لن نلعب إذا أمطرت. (*rains*) [NOT ~~will rain~~]

.2 سأهاتفك عندما أصل. (*arrive*) [NOT ~~will arrive~~]

.3 سأراك ثانية عندما أكون في روما. (*am*) [NOT ~~will be~~]

.4 هل تستطيع إعلامي متى سيصل؟ (*will arrive*)

Can you

.5 سأعتذر إنْ (*if*) كان هذا (*it*) يجعلك سعيداً.

---

6. سأفتح النافذة عندما يتوقف المطر.

(*it stops raining*)

---

7. في مثل هذا الوقت من الأسبوع القادم سيكون يحاضر في جامعة أخرى.

(*will be lecturing*)

---

8. في مثل هذا الوقت غداً ستكون السماء تثلج بكثافة.

(*will be snowing*)
This time tomorrow it

---

9. في مثل هذه الساعة غداً سيكون نائماً.

---

10. بعد عشرة أيام سيكون قد كتب خمسين صفحة.

(*will have written*)

---

11. قُبَيْل الساعة السادسة مساءً سيكون قد أكمل واجباته. (*will have finished*)

---

12. في خلال ثلاث سنوات سيكون جميع أبنائه قد تخرجوا من الجامعة.

(*will have been graduated*)

---

13. عندما أصل المنزل أكون قد سقت لعشر ساعات متوالية.

(*will have driven*)

Exercise 3

be + Marked Infinitive

Be to is used to talk about official plans and fixed personal arrangements.

Translate these sentences into English.

1. من المقرر أن يزور الوزير فرنسا الشهر القادم. *(is to)*

The minister

2. من المتوقع أن تعمل واجبك البيتي قبل أن تشاهد التلفزيون.

You are to

3. من المتوقع أن يقوم بزيارة لمدارس المدينة (*the city schools*) ظهر اليوم.

He is to

4. لم يكن متوقعاً ألاّ تحضر محاضرة أمسِ. *(were not to)*

You

5. قال إنه سيغادر خلال ساعتين. *(would leave in)*

6. أكّد أنه (*that*) سيعالج الأمر بكل صراحة. *(would handle)*

7. يقرأ كتاباً كل أسبوع. *(reads)*

8. يقرأ الآن كتاباً في الفيزياء. *(is reading)*

now.

9. تشرق الشمس من الشرق وتغيب في الغرب. *(rises, sets)*

10. لماذا يبكي هذا الطفل؟ *(is ... crying)*

11. من يُحْدِثُ هذه الضجة في الطابق العلوي؟ *(is making)*

(*do ... speak*) 12. ما اللغات التي تتكلمها؟

Exercise 4

Present Simple

We use the present simple in commentaries, demon-strations, instructions, present habits, scientific facts, and timetables.

Translate these sentences into English.

(*passes, shoots*) 1. علي يمرر الكرة إلى هاني، وهاني يقذفها في المرمى.

---

2. تذهب أولاً إلى اليمين، ثم تدور إلى اليسار.

First, you go

---

3. يحضر المحاضرات بانتظام ولا تفوته أية محاضرة.

(*attends, does not miss*)

(*floats on*) 4. الخشب يطفو على الماء.

(*departs*) 5. تغادر الطائرة الساعة الثامنة يومياً.

Exercise 5

Present Progressive

The present progressive is used for changing situations, e.g., *It is getting colder,* [NOT ~~It gets colder~~].

Translate these sentences into English.

1. ينمو الطفل أكبر يومياً.   *(is growing bigger)*

2. يزداد التلوث سنة بعد سنة.
Pollution is increasing year after year.

3. تتوسع المدن في كل مكان يوماً بعد يوم.   *(are expanding)*

4. يزداد عدد سكان العالم باضطراد.   *(is increasing)*

5. مساحة الأرض المزروعة تتناقص باستمرار.   *(is decreasing)*

Exercise 6

Non-progressive Verbs

Some verbs cannot be used in the progressive even if they refer to continuity. They are mental verbs, emotional verbs, sense verbs, and possession verbs, e.g., *believe, like, see, own.*

Translate these sentences into English.

1. الآن لديه سيارتان.   *(has)* [NOT ~~is having~~]

2. إنها تشعر بالارتياح بعد النجاح.   *(feels relieved)* [NOT ~~is feeling~~]

3. يظهر أنه سعيد هذه الأيام.   *(appears / seems)*

4.   الآن يظهر على المسرح الرئيسي.   (is appearing)

5.   أظن أنك متفائل جداً.   (think) [NOT ~~am thinking~~]

6.   إنه يفكر في حل لهذه المشكلة.   (is thinking)

7.   تعطي الحديقة رائحة عطرة.   [NOT ~~is smelling~~]
                                                         The garden smells

8.   يحتوي الكتاب على 500 صفحة.   (contains) [NOT ~~is containing~~]

9.   أعرف ما تعني.

10.   إنه يحب الطعام ويكرهه في الوقت ذاته.   (loves, hates)

11.   أعتقد أنك لا تفهمني جيداً.

12.   من الذي يجلس في مقعدي؟   (is sitting)

13.   بعض الطائرات تطير أسرع من الصوت.   (fly)

14.   الآن يفضل العصير على القهوة.   (prefers ... to) [NOT ~~is preferring~~]

15.   البعض يعتقد أن الشمس تدور حول الأرض.   (turns round)

(*think, are thinking*) — 16. أظن أنك تفكر في الحل.

Exercise 7

Present Perfect

We use the present perfect for actions finished in the past but they are still important now, i.e., they have results now, e.g., *He <u>has</u> just <u>arrived</u>* قد وصل لتوّه .

Translate these sentences into English.

1. هل عملتِ شاياً لنا؟

Have you made tea for us?

2. من حُسْن الحظ، لقد توقف الضجيج. (*fortunately*)

---

3. لقد نسيتُ اسمه.

---

4. لقد ذهب للعمل وسيعود قريباً.

---

5. لقد فَقَدَ الموظَّف دفتر العناوين. (*the address book*)

---

6. لقد خرج المحاسب قبل قليل. (*recently*)

---

7. لقد أُدخل حمُوهُ المشفى. (*has been admitted*)

(*... not ... yet*) 8. لم يعد الحارس بعد.

(*already*) 9. لقد غادر السائق من قبل.

(*since*) 10. لقد انتظرتُكَ منذ الساعة السابعة.

(*for*) 11. لقد درسْتُ طيلة الأربع ساعات الأخيرة.

(*have been offered*) 12. لقد عُرضتْ علي وظيفة جديدة.

(*never*) 13. لم أر شيئاً مثل هذا أبداً.

(*ever*) 14. هل رأيت مثل هذا المنظر طيلة حياتك؟

Exercise 8

Past Simple and Past Perfect

When the time adverb refers to a finished time, we use the past simple, e.g., *ago, yesterday*. When it refers to any time up to now, we use the present perfect, e.g., *never, ever, yet, already, recently.*

Translate these sentences into English.

(*came*) 1. حضر المدرِّب أمس، ولكنه لم يجد أحداً.

---

2. قرأ التلاميذُ كل الكتاب الأسبوع الماضي.
(last week)

---

3. سافر المديرُ قبل ثلاثة أسابيع.
(ago)

---

4. منذ متى أنت هنا؟
(Since when ...?)

---

5. كم مضى من الوقت وأنت هنا؟
(How long ... ?)

---

6. لقد عرفته منذ عدة سنوات.
(for)

---

7. وصل المراسل إلى هناك قبل عشر سنوات *(ago)*، وعاش هناك منذ ذلك الحين *(since then)*.

---

8. سافر السفير إلى روما عدة مرات.
(has been to)

---

9. أعرفه مُذْ كان طفلاً.
(since)

---

10. لقد انتقل المحقِّق إلى بيروت السنة الماضية.
(last year)

Exercise 9

since

In Arabic we may use both منـذ and طيلة where English uses either *since* or *for*, e.g., Sentence 1.

Translate these sentences into English.

(*for*) [NOT ~~since~~] .1 لم أنم منذ (طيلة) ثلاث ليال.

(*since*) .2 لقد تعارفنا منذ كنا طلاباً في الجامعة.

(*lived*) [NOT ~~has lived~~] .3 عاش في لندن مدة (*for*) خمس سنوات.

(*for*) .4 سيمكث في المستشفى مدة أسبوعين.

Exercise 10

Past Progressive

Look at these sentences:

- كسر ساقه وهو يركض.
- He broke his leg while he *was running*.
- في مثل هذا الوقت من أمس كان يقرأ رواية.
- This time yesterday he *was reading* a novel.

Translate these sentences into English.

.1 ماذا كنت تعمل عندما هاتَفتك؟

.2 ماذا كنت تعمل في مثل هذا الوقت من ليلة أمس؟

---

3. بينما كنت أكتب مقالة كان صديقي يقرأ المسرحية.

[*two progressive verbs*]

---

4. كان نائماً عندما حدث الانفجار. (*was sleeping*)

Exercise 11

Past Perfect

Look at these sentences:

- شعرتْ بالقلق لأن ابنها لم يتصل.
- She was upset because her son _had_ not _called_.
- أدركتْ أنها فقدتْ المفاتيح.
- She realized that she _had lost_ the keys.

❑ We use the past perfect with a verb that happened before another verb or point of time in the past.

Translate these sentences into English.

1. ذهب إلى سريره بعد أن عمل الواجب البيتي. (*had done*)

---

2. لا أحد حضر الاجتماع لأنها نسيت الإبلاغ عنه. (*had forgotten*)

---

3. أخبرني أمس أنه أنهى المهمة. (*had finished*)

---

4. اشترى هدايا لوالديه قبل أن اشترى شيئاً لنفسه.

(*had hidden*) 5. لم يكتشفوا أين خَبّأ النقود.

Exercise 12

Present Perfect

The present perfect tense is used with *this / it / that is the first / second / only / best / worst etc, e.g., This is the first time I have seen Paris.*

Translate these sentences into English.

1. هذه هي المرة الثانية التي أقرأ فيها هذا الكتاب.

This is the second time I have read this book.

(*have ever eaten*) 2. هذه أفضل وجبة (*meal*) أكلتها في حياتي.

(*have seen*) 3. هذه هي المرة الوحيدة التي أراهْ فيها يبكي.

(*has authored*) 4. هذا هو الكتاب الثاني الذي يؤلفه هذا العام.

(*Did ... hear*) 5. هل سمعتَ العاصفة في الليلة الماضية؟

(*have never learned*) 6. لم أتعلّم السباحة قط.

(*have discovered*) 7. لقد اكتشف الباحثون وقوداً جديداً.

(*since*) 8. لقد تغيرت عَمّان كثيراً منذ عام 1970.

Exercise 13

Passive Form

The passive form needs two components: verb *be* + the past participle, e.g., *It was forgotten*. The verb *be* may be any of the eight forms: *am, is, are, was, were, be, been, being.*

Translate these sentences into English.

1. مَن الذي سُيْدعَى؟

Who is going to be invited?

2. سَتُخْبَرُ قريباً.

(*will be told*)

3. وجد السائح أن جميع نقوده قد سرقت.

(*had been stolen*)

4. أُحرقَ منزله السنة الماضية.

(*was burnt*)

5. صُنعتْ هذه الحواسيب في الصين.

(*have been made*)

Exercise 14

Wishing التمنِّي

- يتمنى أن يعرف اليابانية خلال عام.
- He wishes that he <u>would know</u> Japanese within a year.
- يتمنى أن يعرف اليابانية الآن.
- He wishes that he <u>knew</u> Japanese now.
- يتمنى أنه كان يعرف اليابانية حينئذ.
- He wishes that he <u>had known</u> Japanese then.

❏   With wishes about the future, we use *would, could,* or *was going to.*

❏   With wishes about the present, we use the past simple, *could,* or the past continuous.

❏   With wishes about the past, we use the past perfect or *could have* + past participle.

Translate these sentences into English.

(*would tell*)
I wish that she would tell you tomorrow.   أتمنى أن تخبرك غداً.   .1

_____

(*told*) [NOT ~~tells~~]   أتمنى أن تخبرك الآن.   .2

_____

(*had told*)   أتمنى أن تكون قد أخبرتُكَ أمس.   .3

_____

(*had*)   يتمنى أن يكون معه من المال ما يكفي لشراء سيارة الآن.   .4

_____

(*had had*)   يتمنى لو كان عنده من المال ما كان يكفي لشراء سيارة.   .5

_____

(*would tell*) [NOT ~~will tell~~]   أتمنى أن يقول الحقيقة يوماً ما.   .6

_____

(*were*)   أتمنى أن تكون سعيداً.   .7

_____

(*would become*)   أتمنى أن يصبح العالم دولة واحدة يوماً ما.   .8

_____

(were united) [NOT ~~are~~]	9. أتمنى أن يكون العرب متحدين الآن.
(would prevail) [NOT ~~will~~]	10. أتمنى أن يسود السلام العالم كله. all over the world.
(had attended) [NOT ~~attended~~]	11. أتمنى لو أنه حضر الاجتماع.
(knew) [NOT ~~know~~]	12. أتمنى لو أنني أعرف أربع لغات.
(my average were) [NOT ~~is~~]	13. أتمنى لو أن معدلي الآن فوق الثمانين.
(would be)	14. أتمنى أن يكون معدلي عند التخرج فوق الثمانين.
(had been)	15. أتمنى لو كان معدلي عند التخرج فوق الثمانين.
(was built)	16. بُني هذا المشفى قبل عشر سنوات.
(is being)	17. إنه يُسْتَجْوَبُ الآن.
(is being printed)	18. الكتاب يُطْبَع الآن.

Exercise 15

Ditransitive Verbs

Verbs with two objects may have two passive structures:

They gave him a gift. (active)
He was given a gift.
A gift was given to him.

Translate these sentences into English.

(was offered)	عُرضت عليه وظيفة جيدة.	.1
(is taught)	تُعلَّم الإنجليزية في بلاد عديدة كلغة أجنبية.	.2
(have been promised)	وُعِدنا بتوضيح كامل للأمر.	.3
(was elected)	اِنتُخِبَ رئيساً للبلاد.	.4
(It is thought that ...)	يُظَنُّ أنهم لن يجدوه.	.5

Exercise 16

Verb + Preposition / Particle

Some verbs take prepositions, and some take adverb particles, e.g., *He sat* *on* *the chair, He drove* *off*.

Translate these sentences into English.

(climbed up)	تسلقَ السُّلَّمَ إلى الرفوف العليا.	.1
(got off)	نزل من السيارة وركب الباص.	.2

3. السّخَان الكهربائي مُطْفَأ الآن. *(is off)*

4. السّخَان الكهربائي يعمل الآن. *(is on)*
The heater

5. إستمرّ هاني في القراءة حتى صفحة 20. *(went on)*

6. الأسعار ترتفع بجنون هذه الأيام. *(are going up)*

7. شَغّلْ المذياعَ وأطفئْ التلفازَ، من فضلك. *(switch on, switch off)*

8. أُجِّلَ الاجتماعُ إلى إشعار آخر. *(was put off)*
to a further notice.

9. إنها تعتني بالأطفال جيداً. *(looks after)*

10. إنه يبحث عن المفتاح. *(is looking for)*

Exercise 17

Verb / Adjective + Infinitive

Some verbs and adjectives take an infinitive (with or without *to*), e.g., *It is nice to be here*

Translate these sentences into English.

1. ينبغي أن تبدأ العمل الآن. *(ought to start)*

(*will have been repaired*) .2 سَتُصْلحُ سيارتك قُبَيْل الغروب.

(*would like to*) .3 أود أن أذهب إلى الجامعة مبكراً اليوم.

(*to listen to*) [NOT ~~for~~] .4 من المهم أن تستمع للمتحدث.
It is

(*hope to*) .5 آمل أن أراك قريباً.

(*must be*) .6 لا بُدَّ أنك تمزح.

(*will be posted*) .7 ستُرسل الرسالة بالبريد غداً.

(*to have*) .8 من الضروري أن يكون لديك خطة للعمل.
It is

(*had better go*) .9 الأحسن أن تذهب إلى المستشفى الآن.

Exercise 18

Infinitive of Purpose

The infinitive of purpose is used to show why someone does something, e.g., *He reads to learn*. Instead of *to*, we may use *in order to, so as to, in order not to, so as not to*.

Translate these sentences into English.

(*to borrow*) .1 ذهب إلى المكتبة (*library*) ليستعير بعض الكتب.

---

2. اِجلسْ لتستريح قليلاً. (*to rest*)

3. ذهب إلى المسجد ليؤدي الصلاة. (*to perform*)

4. ذهب إلى البنك ليودع بعض المال. (*to deposit*)

5. قصد المطعم لكي يتناول طعام الغداء. (*to have*)

6. لا تقتربْ من الحافة كيلا تتعرض للسقوط. (*so as not to*)

7. يتدرب لينال رخصة السواقة. (*a driving license*)

Exercise 19

Ing-Forms

Ing-forms may be used as subjects, objects, or complements, e.g., *Smoking is dangerous* التدخين ضار .

Translate these sentences into English.

1. يحب قراءة القرآن. (*reading The Quran*)

2. الجري رياضة مفيدة (*running*)

3. شرب الكحول مدمر للصحة. (*drinking alcohol*)

4. ينهى الدِّين عن الكذب. *(lying)*

---

5. النسيان أحياناً أفضل من التذكر. *(forgetting, remembering)*

---

6. التعليم الجيد يؤدي إلى تعلم جيد. *(teaching, learning)*

---

7. اللغة أربع مهارات أساسية: الاستماع والكلام والقراءة والكتابة. *(four main skills)*

---

8. لا تستطيع الحياة دون استنشاق الأكسجين. *(inhaling oxygen)*

---

9. مَلَّ التدخين ومشكلاته. *(is fed up with)*

---

10. هذا لاصق خاص (*special glue*) لإصلاح الزجاج المكسور. *(for mending)*

---

11. يعترض على دفع الضرائب دون نيل خدمات. *(object to paying)*

---

12. إنه معتاد على العيش في المناطق الحارة. *(is used to living)*

---

13. آمل أن نلتقي قريباً. *(to meet)* [NOT ~~to meeting~~]

---

14. تظاهرت بأنها مريضة. *(to be ill)*

---

15. أفكر في تغيير وظيفتي.   (of changing) [NOT in]

16. أريد أن أرى رئيس الحسابات.   (want to, chief accountant)

17. المنزل بحاجة إلى تنظيف.   (needs cleaning)

18. الملابس بحاجة إلى إصلاح.   (need mending)

Exercise 20

> ### Object + Infinitive
>
> Some verbs take an object followed by an infinitive, e.g., *advise, cause, allow,*
> *ask, teach, order, tell, help*: Allow <u>him to</u> leave   اسمحْ له بالمغادرة.

Translate these sentences into English.

1. يريد والدها منها أن تدرس بجد أكثر.   (wants her to)

2. نصحْتُهُ ألّا يشتري قطعة الأرض تلك.   (advised him not to)

3. إنني مستعد لمساعدتك في حل المشكلة.   (help you solve)

4. أشجعك على إكمال دراستك العليا.   (encourage you to)

5. دعنا نبذل جهدنا ونعتمد على الله.   *(Let's do our best)*

6. أمره ألاّ يخالف القانون.   *(ordered him not to)*

Exercise 21

Infinitive or -*ing*

Some adjectives take an infinitive after them, e.g., *glad to see*. Some take a preposition + -*ing* form, e.g., *fond of reading*.

Translate these sentences into English.

1. إنها خائفة من المستقبل المجهول.   *(afraid of)* [NOT ~~from~~]

2. إنني سعيد بالعمل معكَ.   *(happy to)*

3. من الخطأ أن نثق بأعدائنا.   *(wrong to)*

4. إنه متهم بتجاوز حَدّ السرعة.   *(guilty of breaking)*
   the speed limit.

5. أنا آسف لإزعاجكَ.   *(sorry to disturb)*

6. إنه محظوظ جداً أن يكون جارك.   *(lucky to be)*

7. إنه حاذق في أخذ الملاحظات.   *(skilled at)* [NOT ~~in~~]

Exercise 22

+---+
| | *for ... to* | |
| |
| Look at this sentence, where we use *for* before a subject followed by an |
| infinitive: It is time *for* him *to go* to work |
| . حان الوقت ليذهب إلى العمل |
+---+

Translate these sentences into English.

1.   لا داعي كي يبدأ الاجتماعُ قبل السابعة.

There is no need for the meeting to start before seven.

(*wrong for him to*) [NOT ~~from him~~]   2.   سيكون خطأ منه أنْ يستقيلَ.

(*unusual for him to*)   3.   إنه من غير العادي أن يأتي متأخراً.

(*possible for him to*)   4.   هل من الممكن له أن يحضر الحفلة؟

Chapter 8

DIFFERENT SENTENCE STRUCTURES

Exercise 1

Questions

If a question in Arabic begins with هَـلْ or أ , the English translation begins with an auxiliary. If it begins with a question word like مـاذا, the English translation begins with an equivalent question word like *what.*

Translate these sentences into English.

1. ماذا رأيتَ؟

What have you seen?

2. ماذا حدث ليلة أمس؟

(*What* ...?)

3. لماذا تأخرتم البارحة؟

(*Why* ...?)

4. من كسر النافذة قبل ساعة؟

(*Who* ...?)

5. أيّ هو والدك؟

(*Which is* ...?)

6.   مَن أخوك؟

(Who ...?)

3. من المهم ألاّ تقلق. *(not to worry)*

---

4. أليستْ هي مستعدة؟

---

5. ألا تدخل؟

Won't

---

6. ألم يأت الصحفيُّ بعد؟

Hasn't yet?

---

7. ألا تشعر بتحسن؟

Don't

---

8. ألا ترى وتسمع؟

---

9. ألستَ سعيداً؟

Aren't

---

10. ألم تعرف ماذا جرى؟

Exercise 3

Imperatives

Look at these examples:

• Sit down, please.	• اجلسْ، من فضلك.
• <u>Don't</u> stop now.	• لا تتوقف الآن.
• <u>Do</u> sit down.	• اِجْلسْ. (للتأكيد)

Translate these sentences into English.

1. إسأله عن السبب.

____

2. لا تسأله الآن.

____

3. لا تؤجل عمل اليوم إلى الغد. *(Don't postpone ...)*

____

4. لا تتأخر عن الاجتماع. *(late for)*

____

5. أغلقْ النوافذ قبل المغادرة.

____

6. لا تُفرطْ في الأكل فتَسْمَنَ. *(overeat)*

____

7. لا تفرط في النوم فتَكْسَلَ. *(oversleep)*

____

8. لا تلمه لأمر لم يفعله. *(blame for)*

____

9. لا تكن بخيلاً. *(a miser)*

____

10. توكّلْ على الله دائماً.

Always put your trust in Allah.

11. لا تتردد في فعل الخير.

____

12. لا تفعل ذلك مرة ثانية أبداً.

Never do

13. دعنا نتفق أولاً على معاني المصطلحات.

First, let's

14. دعني أبشرك بخبر سار.

Let me

Exercise 4

Exclamations

Look at these examples:

- What a beautiful car! ● ما أجمل هذه السيارة!
- What a beautiful car it is!
- How beautiful the car is!

❑ What (+Adjective) + Noun

❑ How + Adjective

Translate these sentences into English.

1. يا لها من مفاجأة!

What a surprise!

2. ما أغربَ هذه الصورة!

What a

3. يا له من يوم!

What a

4. ما أوسعَ خياله!

How wide

5. كم هو جاد!

How serious

6. ما أحسنَ كتابتَه!

How is!

Exercise 5

There is

The introductory *there* is followed by the verb *be*, which means *exist*.

- There is a book on the table. ● هناك كتاب على الطاولة.
- There are a lot of dangers ahead. ● هناك أخطار كثيرة أمامنا.

Translate these sentences into English.

1. كانت هناك حروب كثيرة على مر التاريخ. (*There were ...*)

2. الوقت متأخر الآن للخروج.

It is too

3. سيكون هناك ثلج هذه الليلة.

There will be

4. يوجد رجلان عند البوابة.

There are

(*Mars*) .5 لا يوجد ماء على المريخ.

.6 كان هناك بعض الأطفال يسبحون في النهر.

There were

.7 من الصعب فهمه.

It is

Exercise 6

Question Tags

The tag is only two words, and it is negative after a positive statement and positive after a negative statement.

- It's a cold day, isn't it? — إنه يوم بارد، أليس كذلك؟
- It's not far, is it? — إنها ليست بعيدة، أليس كذلك؟

Translate these sentences into English.

.1 لم يكونوا جاهزين، أليس كذلك؟

, were they?

.2 القانون هو القانون، أليس كذلك؟

Law is law,

.3 لا يبدو سعيداً اليوم، أليس كذلك؟

(, *isn't there*?) .4 هناك بعض الضجيج في الطابق الثاني، أليس كذلك؟

There is

.5 سيأتي غداً، أليس كذلك؟

---

6.   إنه لا يبتسم مطلقاً، أليس كذلك؟   (*never*)

_____, does he?

_____

7.   دعنا نذهب إليه، أليس كذلك؟

_____, shall we?

_____

8.   نادراً ما يتأخر، أليس كذلك؟   (*is rarely*) [NOT ~~isn't he~~]

_____, is he?

_____

Exercise 7

┌─────────────────────┐
│ *I hope so.*   │
└─────────────────────┘

• I hope so.	آمل ذلك. ●
• I think so.	أظن ذلك. ●
• I suppose so.	أفترض ذلك. ●
☐ With such verbs, we use *so*, not *that*.	

Translate these sentences into English.

1.   "هل ستتأخر؟" "لا أظن ذلك."   (*don't think so*)

_____

2.   "هل هو هذا حيث يسكن؟" "أفترض ذلك."

_____

3.   "هل سيكون الطقس غداً دافئاً؟" "آمل ذلك."

_____

_____

4.   "هل سيكون الطقس بارداً جداً غداً؟" "لا آمل ذلك."   *(hope not)*

_____

_____

Exercise 8

so, nor, neither

● I was tired, and <u>so was</u> he.	● كنتُ متعباً، وهكذا كان هو.
● I love writing, and <u>so does</u> he.	● أحب الكتابة، وكذلك هو يحبها.
	● لا أحب السباحة، ولا هو يحبها.
● I don't like swimming, and <u>nor does</u> he.	
● "I don't know Japanese."	● "لا أعرف اليابانية." "ولا هي."
"<u>Neither does</u> she."	

Translate these sentences into English.

1.   لا أحب الموسيقى الصاخبة، ولا هي تحبها.

     , and nor does she.

_____

2.   "أُفضل أن أنهض مبكراً". "وأنا كذلك".

    . "So do I".

_____

3.   فقدتُ كتابي، وكذلك هي فقدت كتابها.   (, and so ...)

_____

4.   أكره المعايير المزدوجة، وهو يكرهها أيضاً.   (, and so does ...)

_____

5.   "لا أحب المنافقين". "ولا أنا".

"I   hypocrites." "Nor   ."

_____

6.   لن أتأخر غداً، ولا هو.   (, and neither will he)

Exercise 9

Preparatory Subject: *it*

- It is nice to meet you. ● جميل أنْ ألتقيَ بك.
- It is strange that he has passed. ● من الغريب أنه نجح.

❑ When the subject is an infinitive or clause, we usually use *it* first and put the infinitive or clause later.

Translate these sentences into English.

1. من المؤكد أنه سيعود قريباً.

It is certain that

2. من المعروف أنه يتقن أربع لغات.

It is known that

3. من المدهش أنه لم يتعب حتى الآن.

(*surprising*)

4. من الضروري أن تعرف واجباتك وحقوقك.

(*duties and rights*)
It is

5. من المهم أن تعرف سبب هذه الأعراض.

(*symptoms*)
It is

6. يبدو كأن الأمور ستصبح أسوأ.

It looks as if

7. يبدو كأننا لن نصل على الوقت.

It looks as though

8. يضايقني أنه يتكلم على هذا النحو.

It annoys me that

9.   من المحتمل أن يكون هناك وقت كافٍ للجميع.

Exercise 10

> **It's no use + -ing**
> **It's (no) worth + -ing**

- It's no use <u>arguing</u> with them.   • لا فائدة من مجادلتهم.
- It's worth <u>arguing</u> with them.   • مجادلتهم أمر ذو أهمية.

☐ We use *it* here as a preparatory subject, followed by the   *-ing* form.

Translate these sentences into English.

1.   لا فائدة من التفاوض معهم.

It is no use

(*studying*)   2.   لا فائدة من الدراسة في الساعة الأخيرة قبل الامتحان.

(*sin and aggression*)   3.   لا فائدة من التعاون في الإثم والعدوان.

(*pretending to be sick*)   4.   لا فائدة من التظاهر بالمرض.

---

5.   زيارة المتحف أمر يستحق العناء.

It is worth visiting

(*trying to explain*)   6.   محاولة التوضيح تستحق العناء.

(*easy to*) 7. من السهل ملاحظة أخطاء الآخرين.

---

8. كان يوماً رائعاً.

It was

(*expensive to*) 9. من المُكلف جداً أن تكون فقيراً.

It is

Chapter 9

ADJECTIVE CLAUSES

Exercise 1

Subject Relatives:
who, which, that

- هذا هو الرجل الذي زارني أمس.
- This is the man who/that visited me yesterday.
- الكتاب الذي على الرف لك.
- The book which/that is on the shelf is yours.

Translate these sentences into English.

1. العدّاء الذي فاز بالجائزة سعيد جداً. *(won the prize)*

2. إنه يستعمل رموزاً تدل على أرقام. *(sympols that)*

3. من يؤمن بالله ويعمل صالحاً يدخل الجنة. *(He who)*

4. السائق الذي كان مسرعاً عمل حادث سير. *(The driver who)*

5. الملف الذي على الطاولة بحاجة إلى تدقيق.
The file which is

6. الملفات التي على الرف بحاجة إلى ترتيب.

The files which are

_____

(who are)   7. الطلاب الذين يأخذون هذا المقرر مجدون حقاً.

_____

(who / that)   8. الطالب الذي أجاب عن السؤال طالب ذكي حقاً.

_____

(which are)   9. إنه يحب التمارين التي يصعب حلها.

_____

Exercise 2

> **Object Relatives:**
> *whom, that, which*

> • الكتاب الذي قرأتُه مفيد جداً.
>
> • The book that/which I read is very useful.
>
> • الرجل الذي رأيتَه هو صديقي.
>
> • The man whom/that you saw is my friend.

Translate these sentences into English.

(that you)   1. المقالة التي كتبتها شيقة.

_____

(the test which)   2. الامتحان الذي جلستَ له أمس كان صعباً جداً.

_____

3. الحفلة التي أقامها كانت رائعة.

The party

‫السيارة التي اشتراها غالية جداً.‬   **.4**

Exercise 3

┌─────────────────────────────────┐
│ **Preposition + Relative** │
└─────────────────────────────────┘

- ‫وجدوا الطفل الذي كانوا يبحثون عنه.‬

- They found the child <u>for</u> <u>whom</u> they had looked.

- They found the child <u>whom</u> they had looked <u>for.</u>

☐ *For whom* is more formal than *whom ... for.*

Translate these sentences into English.

(interested in)	‫إنني مهتم بالموضوع الذي أنت مهتم به.‬	**.1**

	‫الخطبة التي استمعت إليها كانت مؤثرة.‬	**.2**

The _____ to which _____ .

The _____ which _____ to _____ .

(about whom) [NOT ~~about that~~]	‫هذا هو المعلم الذي حدثتك عنه.‬	**.3**

(at which)	‫اللوحة التي تنظر إليها من إنتاجه.‬	**.4**

(at which)	‫هذه هي القرية التي ولد فيها.‬	**.5**

(of which ... proud)	‫هذا هو الكتاب الذي يفتخر به.‬	**.6**

Exercise 4

Possessive Relative: *whose*

- المزارع الذي زرتَ مزرعته ناجح جداً.

- The farmer whose farm you visited is very successful.

❑ *Whose* has a double function: a connector and a possessive pronoun.

Translate these sentences into English.

1. الرجل الذي سرقتْ سيارته اتصل بالشرطة. (*whose car*)

____

2. هذا هو الطبيب الذي زرتُ عيادته أمس. (*whose clinic*)

____

3. العراق بلد يعود تاريخه إلى آلاف السنين. (*whose history*)

____

4. هذا هو الأستاذ الذي قرأتُ كتابه. (*whose book*)

____

5. تعلمت في جامعة طلابها من جميع قارات العالم. (*whose students*)

____

Exercise 5

Relatives and Formality

❑ Which is more formal than that.

❑ Whom is more formal than that.

❑ [Preposition + Relative] is more formal than [Relative … preposition], e.g., about whom and whom … about.

- ❑ No omission of the relative is more formal than omission, e.g., This is the book which I read & This is the book I read.

Give the formal translation and then the less formal translation of each.

1. أين الكتاب الذي لخصته؟ *(which / that)*

A. ....

B. ....

2. أين الكتب الذي كنت تبحث عنه؟ *(for which / which ... for)*

A. ....

B. ....

3. من هو الشخص الذي قابلتَه أمس؟ *(whom / that)*

A. ....

B. ....

4. ما هي الدرجة التي سجلتَها؟ *(grade / scored)*

Relative: ....

Relative Omitted: ....

Exercise 6

Relatives: *where, when*

- هذه هي المدينة التي ولد فيها.
- This is the city <u>where</u> he was born.
  [where = in which / which ... in / that ... in]
- لا أعرف السنة التي غادر فيها.
- I don't know the year <u>when</u> he left.

Translate these sentences into English.

1. يوم الجمعة هو اليوم الذي سيصل فيه. *(when / on which)*

2. سنة 1956 هي السنة التي نالت فيه الجزائر استقلالها. *(when / in which)*

3. ذلك هو المبنى حيث وقع الحادث. *(where)*

4. هذا هو الشارع الذي يسكن فيه. *(where)*

5. سنة 1939 هي السنة التي اشتعلت فيه الحرب العالمية الثانية. *(when)*

6. سنة 1111م هي السنة التي توفي فيها الغزالي. *(when)*

Exercise 7

Pronoun+Relative

- هناك شيء ما يؤرقني.
- There is <u>something</u> <u>that</u> worries me.
- من يفعل الخير يُثِبْه الله.
- <u>He</u> <u>who</u> does good is rewarded by Allah.
- هو الشخص الوحيد الذي يعرف الحقيقة.
- He is the only <u>one</u> <u>who</u> knows the truth.

Translate these sentences into English.

1. أي شخص يريد أن يسأل مرحب به. *(Anyone who)*

2. هناك شيء ما يحتاج إلى تفسير. *(something that)*

---

3. هناك شخص ما يريد مقابلتك. *(someone who)*

---

4. كل ما قلته قد تم تسجيله. *(Everything that)*

---

5. كل من عرفه يمدحه. *(Everyone that)*

---

6. أولئك الذين يخافون الله يحبهم الله. *(Those who)*

---

7. إنه هو الذي أفشى السرّ. *(It is he who)*

---

8. يخشى الناس ما يجهلون. *(that which)*

---

9. هل تعلم ما لا أعلم؟ *(that which)*

Exercise 8

Relatives and Punctuation

- ما هي العناصر التي دخلت في التفاعل؟
- What are the elements which participated in the interaction? [Restrictive Clause]
- إنني معجب بخالد بن الوليد، الذي انتصر في معركة اليرموك.
- I admire Khalid Ibn Alwaleed, who was victorious at Yarmouk battle. [Non-restrictive Clause]

❏ Notice the absence of the comma before the relative clause in the first
sentence and its presence in the second sentence.

Translate these sentences into English.

1. (, which)   زار فينا التي هي عاصمة النمسا.

_____

2. [No commas]   الكتاب الذي استعرتُه منك أمس كتاب جيد.

_____

3. [No commas]   كانت نتيجة الفحص المخبري الذي أجراه أمس مرضية جداً.
lab test

_____

4. [Two commas]   طوكيو التي هي عاصمة اليابان مدينة جميلة.

_____

5.   أولئك الذين يعرفون اللغة الصينية هم فقط الذين يستطيعون التقدم للوظيفة.
[No commas]

_____

_____

6. [Two commas]   أخي الوحيد الذي تعرفه يسكن خارج البلاد.

_____

_____

Exercise 9

, *most of whom*

• في النادي عشرون عضواً، معظمهم أثرياء جداً.

• There are twenty members in the club, <u>most of whom</u> are very rich.

❑ This structure consists of a quantifier + *of* + *whom* / *which* / *whose*, and commas are used.

Translate these sentences into English.

1. لديه أربعة أخوة جميعهم مهندسون. (, *all of whom*)

2. لديه خمس شركات جميعها خارج البلاد. (, *all of which*)

3. لقد عرَّفني على صديقَيْه، وكلاهما من مصر. (, *both of whom are*)

4. لديه ست عمارات، اثنتان منها في المنطقة التجارية. (, *two of which*)

5. لي صديق إحدى مشكلاته أنه لا يعرف كيف يَدْرس. (, *one of whose problems is*)

6. في الجزيرة عدة أنهار لا أحد منها دائم الجريان. (, *none of which*)

7. في الصف ثلاثون طالباً كل منهم يريد علامة عالية. (, *each of whom*)

Exercise 10

Noun + *of which*

- هناك جبل شاهق قمته مغطاة بالثلوج.
- There is a high mountain, the top of which is covered with snow.

☐ This structure consists of a noun + *of which*, with one comma or two used.

Translate these sentences into English.

1. القاهرة مدينة كبيرة يزيد عدد سكانها عن عشرة ملايين.

(, *the population of which*)

_____

_____

2. بعض الدول تعتمد على البترول الذي يتذبذب سعره حسب السوق.

(, *the price of which*)

_____

_____

3. هناك أبحاث علمية مستمرة في مجال السرطان تعلن نتائجها في المجلات المختصة. (, *the results of which*)

_____

_____

4. يأخذ الطلاب عدة مقررات في الترجمة هدفها تدريبهم على مهارة الترجمة.

(, *the purpose of which*)

_____

_____

5. عَمَّان مدينة جميلة شوارعها نظيفة.   (, *the streets of which*)

_____

_____

Exercise 11

Sentential *which*

• لقد تأخر علي اليوم، وهو أمر غير عادي.

• Ali has been late today, <u>which</u> is unusual.

> ☐ *Which* here modifies all the previous sentence, and a comma precedes *which*.

Translate these sentences into English.

(, which) [NOT ~~that~~]   لقد فصل من عمله، الأمر الذي أدهشني.   .1

هناك ضجيج كثير في الطابق العلوي، مما جعل التركيز صعباً علي.   .2

(, which)

(, which)   علمتُ بحصوله على الجائزة، مما أسرّني كثيراً.   .3

(, which)   علمنا بوفاته صباح اليوم، مما أحزننا جميعاً.   .4

Exercise 12

Adjective Phrases
instead of Adjective Clauses

• انظر إلى الولد الذي يقف تحت الشجرة.

• Look at the boy <u>who is standing under the tree</u>.

• Look at the boy <u>standing under the tree</u>.

☐ To change an adjective clause into an adjective phrase, we omit the subject relative pronoun, i.e., *who, which, that*, and omit the *be* form. If there is no *be* form, we omit the subject relative pronoun and change the verb into the *-ing* form.

• أي شخص يريد أن يحضر فهو موضع ترحيب.

• Anyone <u>who wants to join us</u> is welcome.

• Anyone <u>wanting to join us</u> is welcome.

Translate these sentences into English.

1. الطلاب الذين ينتظرون الباص قد تعبوا جداً.

A. The students who are waiting for the bus have got tired.

B. The students waiting for the bus have got tired.

2. الطلاب الذين ينتمون إلى تلك الجامعة مؤهلون جداً.

A. _____ who belong _____

B. _____ belonging _____

3. يسكنون بيتاً يتكون من دورين.

A. _____ that consists of _____

B. _____ consisting of _____

4. لديه شقة جميلة تطل على البحر.

A. _____ that overlooks _____

B. _____ overlooking _____

5. علماء النفس الذين يدرسون طبيعة الذاكرة قد توصلوا إلى اكتشافات هامة.

A. _____ who study _____

B. _____ studying _____

6. يسكن في مدينة قديمة بنيت قبل ألف سنة.

A. _____ that was built _____

B. _____ built _____

Chapter 10

NOUN CLAUSES

Exercise 1

Noun Clauses Beginning with *wh-words*

- I don't know <u>when</u> he will come.   • لا أدري متى سيأتي.

❑ Noun clauses may begin with *wh*-words: *when, where, why, how, who, what, which, whose.*

❑ Such clauses can be subjects, objects, or complements.

Translate these sentences into English.

(*where he is*) [NOT ~~where is he~~]   هل تعرف أين هو؟   .1

(*where*)   لا أعرف أين يسكن.   .2

(*why*)   لا أعرف لماذا تأخر.   .3

(*how*)   أخبرْني كيف أستطيع أن أصلح هذه الآلة.   .4

(*who he is*) [NOT ~~is he~~]   هل تعرف من هو؟   .5

---

6. هل تعرف قَلَمَ من هذا؟ *(whose pen this is)* [NOT ~~is this~~]

7. لا أتذكر ماذا حدث بالضبط. *(what)*

8. دعنا نسأله أي كتاب يريد. *(which book)*

9. لا أتذكر كم يكلف. *(how much it ...)*

10. لماذا غادر البلاد سر لا يعرفه أحد.

Why

11. متى سيعود أمر مجهول.

When

12. لا أتذكر كم قصة قرأتُ. *(how many)*

13. هل يمكن أن تخبرني أين مكتب البريد؟ *(where the post office ...)*

14. لا أعرف كم عدد سكان إيطاليا. *(what the ...)*

15. أريد أن اعرف متى تصل الطائرة. *(when the ...)*

16. أريد أن أعرف من ذلك الرجل. *(who that man...)*

17. متى يحل السلام في منطقتنا أمر لا يعلمه إلا الله.

When peace

Exercise 2

┌───┐
│ **Noun Clauses Beginning with**   │
│ *whether / if*   │
└───┘

• لا أدري إن كان سيحضر أم لا.

• I don't know <u>whether</u> he will come <u>or not</u>.

• I don't know <u>if</u> he will come <u>or not</u>.

• I don't know <u>if/whether</u> he will come.

☐ This *if* is not the conditional *if*.

☐ Notice that *or not* is optional.

☐ We can also use the expression *whether or not*.

Translate these sentences into English.

(*wonder if*)	أتساءل إذا كان ينبغي أن ننتظر أكثر.	.1
(*where he is*) [NOT ~~is he~~]	أتساءل أين هو.	.2
(*if there ...*) Venus.	أتساءل إنْ كانت هناك حياة على الزهرة.	.3
(*what causes*)	أتساءل ماذا سبب البراكين.	.4
(*if ... belongs to*)	أتساءل إنْ كان هذا الكتاب له.	.5
(*if these data are*)	أتساءل إن كانت هذه البيانات سميحة.	.6
(*whether the spelling*) Could you	هل تخبرني فيما إذا كانت التهجئة صحيحة؟	.7

8.   هل تخبرني ما الوقت الآن؟   (*what time it is*) [NOT is it]

Exercise 3

> **Noun Clauses Using Infinitives**
>
> • أخبَرَني أين أذهب.
>
> • He told me where I could go.
>
> • He told me where to go.
>
> ☐ In the non-finite noun clause, we may use the marked infinitive directly
> after the *wh-* word without a subject.

Translate these sentences using an infinitive.

1.   لا يستطيع أن يقرر إن كان سيبقى أم سيغادر.   (*whether to*)

---

2.   لا يعرف ماذا ينبغي أن يفعل.   (*what to do*)

---

3.   لا يعرف كيف يستطيع أن يحل المشكلة.   (*how to*)

---

4.   لا يدري أين ينبغي أن يبحث عن المحفظة.   (*where to*)

---

5.   أخبرني أين أستطيع أن ألاقيك.   (*where to*)

---

6.   لا أدري ماذا ينبغي أن أفعل غير ذلك.   (*what else to*)

---

7. لم يدرِ ما عليه أن يقول. (*what to*)

____

8. لم يستطع أن يقرر أية سيارة ينبغي أن يختار. (*which car to*)

____

Exercise 4

Noun Clauses Beginning with *that*

1. I think (that) he is a great writer.
- أعتقد أنه كاتب كبير.
- أن الأرض تدور حول الشمس حقيقة ثابتة.
2. That the earth goes round the sun is an established fact.
3. It is an established fact that the earth goes round the sun.

- ❑ *That* in (1) is optional. Its omission makes the sentence less formal.
- ❑ *That* in (2) and (3) cannot be omitted.
- ❑ (3) is more natural than (2).

Translate these sentences into English.

1. أنَّ الأرض كروية حقيقة.

A. That the ....

B. It is a fact that ....

2. أنَّ التدخين ضار بالصحة حقيقة مؤكدة.

A. That ....

B. It ....

3. أنْ تحتكر دولة واحدة القوة كارثة.

A. That ______________________________

B. It is a disaster that ______________________________

4. أن الزيت أثقل من الماء غير صحيح.

A. That oil ______________________________

B. It is untrue that ______________________________

5. أن يُدان دون تحقيق ليس من العدل.

A. That he ______________________________

B. It is unfair that ______________________________

6. اعترفَ أنه مذنب. (*admitted that*)

____

7. أكّدَ أنه سيحضر في اليوم التالي. (*asserted that*)

____

8. يقال بأنه بليونير. (*It is said that*)

____

9. إنه مدهش أن يستطيع أن يرفع معدله من 60 إلى 70.

It is surprising that ______________________________

10. إنها لحقيقة معروفة أن الإيمان بالله يعطي شعوراً بالاطمئنان.

It is a well-known fact that ______________________________

____

11. السبب الأول هو أنه لا يدرس بجد كافٍ.

The first reason is that ______________________________

12. إحدى مشكلاته هي أنه لا يستطيع ان يتكيف مع البيئة الجديدة.

One problem of his is that ______________________________

____

13. من مزايا هذه السيارة أنها توفر الوقود.

One advantage

---

14. من نتائج الحرب أنها تفرز الأصدقاء من الأعداء.

One result

Exercise 5

Ever-Words in Noun Clauses

- أي شخص يَسْأل يُجاب.
- Whoever asks is answered.
- Anyone who asks is answered.
- ❑ *Ever*-words are *whoever, whomever, whatever, whichever, whenever, wherever, however.*
- ❑ -*Ever* gives the meaning of *any.*

Use an ever-word in these translated sentences.

1. اِذهب حيثما تشاء.

(*wherever*)

---

2. بإمكانك أن تزورني حينما تشاء.

(*whenever*)

---

3. تستطيع أن تدعو إلى الحفلة أيّاً تشاء.

(*whomever*)

---

4. إن الله يعفو عَمَّنْ يشاء ويُعذِّب من يشاء.

(*forgives whomever He wills*)

---

5. أكتب ما تشاء.   (*whatever*)

---

6. أجبه كيفما تشاء.   (*however*)

---

7. مهما تقلْ تحاسَبْ عليه.

Whatever you

---

8. خذ أي كتاب تريده.   (*whichever book*)

---

9. لا يمكنك أن تقول ما تشاء أينما تشاء حينما تشاء.

Chapter 11

CONJUNCTIONS AND ADVERB CLAUSES

Exercise 1

Function

A conjunction joins two clauses into a compound or complex sentence:

- كان هو فقيراً ولكنها كانت غنية.
- He was poor, but she was rich.
- تأخر لأنه أضاع المفتاح.
- He was late because he had lost the key.

Translate these sentences into English.

1. نظف أسنانك بعد أن تأكل. *(after)*

2. نال درجة عالية مع أنه لم يدرس. *(although)*

3. لا أدري إن كان سيحضر أم لا. *(whether)*

4. إذا لم تجتهد فستقع في مشكلة. *(Unless)*

5. أعرف <u>أنك</u> طالب مجتهد. (*that*)

---

6. <u>كما</u> أخبرك، سافر أخوه أمس. (*As*)

---

7. إن رأيته، أَعلمْهُ. (*If*)

Exercise 2

Conjunction Position

- <u>If</u> you ask me, I shall answer you. إن تسألني أُجبْك.
- I shall answer you <u>if</u> you ask me. أُجبْك إن تسألني.

❑ Most subordinating conjunctions can come first or in the middle of the sentence. If they come first, a comma is needed.

Translate these sentences into English.

1. سأزورك بعد أن ينتهي دوامي. (*after*)

---

2. قبل أن أنام، لا بد أن أُصلّي. (*Before ...,*)

---

3. لا يمكنك أن تأكل حتى تغيب الشمس. (*until*)

---

4. إننا متأخرون نوعاً ما، ولذا لا بد أن نسرع. (*, so*)

---

5. إنني متأكد أنك تقول الحقيقة.   *(that)*

---

6. لا أدري إنْ كنت تدري.   *(whether)*

---

7. أشعر كأنني أعاني من الأنفلونزا.   *(as if / as though)*

---

8. سأنتظرك حتى تعودَ.   *(until)*

---

9. الصيف هُنا حار جداً في حين أن الشتاء بارد جداً.   *(, whereas / while)*

---

10. فقد المفاتيح بينما كان يركض.   *(while)* [without a comma]

---

11. أنت حر طالما لا تؤذي الآخرين.   *(as long as)*

Exercise 3

Coordinating Conjunctions:
and, but, or, nor

● Ali and Hani [No comma]	● علي وهاني.
● Ali, Hani, and Sami	● علي وهاني وسامي.
● Ali or Hani	● علي أو هاني.

❏ Notice the punctuation marks in these examples.

Translate these sentences into English.

1.   السيارة قديمة ولكن قوية.   *(but)*

---

2.   يتحرك ببطء ولكن بثبات.   *(slowly but firmly)*

---

3.   في وقت الفراغ أقرأ أو أشاهد التلفاز.   *(read or watch)*

---

4.   سيغادر التاسعة ويصل العاشرة.   *(and)*

---

5.   لا أحب القهوة ولا الشاي.   *(nor)*

---

6.   لا تكن عنيداً *(obstinate)* ولا مغروراً *(self-conceited)*.

Exercise 4

Joining Sentences

When conjunctions are used to join independent sentences, i.e., making compound sentences, a comma is used before the conjunction, e.g., *He studied hard, but he didn't pass.*

Such conjunctions are *and, but, or, nor, so* (*=therefore*), *for* (*=because*), *yet* (*=but*).

Translate these sentences into English.

1.   جاء علي إلى الاجتماع، ولكنْ هاني لم يحضر.

                          , but

(to bed) .2 كان متعباً، ولذا ذهب إلى الفراش مبكراً.

, so

(a high grade) .3 لم يدرس جيداً، ومع ذلك حاز على درجة عالية.

, yet

(joined) .4 التحق هو بالجامعة، والتحقت هي بالكلية.

, and

.5 رفض الطفل السير في الشارع لأنه كان خائفاً من الكلب.

, for

Exercise 5

Paired Conjunctions:
both … and, not only … but also, either … or, neither … nor

- رأيتُ كلاً من الرجل وابنه.
- I saw both the man and his son.
- ليس فقط هاني هنا بل علي أيضاً هنا.
- Not only Hani but also Ali is here.
- إما علي وإما هاني سيحضر.
- Either Ali or Hani will come.
- البيت ليس واسعاً ولا هادئاً.
- The house is neither spacious nor quiet.

Translate these sentences into English.

(both ... and ... are) .1 كل من المدرس والطالب هنا.

---

2.   لا المدرس ولا الطالب كان هناك.   *(Neither ... nor ... was)*

---

3.   إما صديقي وإما والده سيحضر.   *(Either ... or)*

---

4.   ليس صديقي فقط بل والداه أيضاً موجودان هنا.

(Not only ... but also ... are)

---

5.   ليس الأولاد فقط بل والدهم أيضاً موجود هنا.   *(is)*

---

6.   يدرس ليس فقط علم السياسة بل علم الاجتماع أيضاً.

He studies not only

---

7.   أضاع ليس فقط حقيبته بل ماله أيضاً.

He lost not only

---

8.   يتقن معلمي كلاً من الروسية والبولندية.   *(both ... and)*

My teacher masters

---

9.   تعاني المدينة كلاً من تلوث الهواء وتلوث الماء.   *(suffers from)*

water pollution.

---

10.   إما أخوه وإما أخته ستقابله في المطار.   *(Either ... or)*

---

11.   سيطير إما إلى طرابلس وإما إلى الدار البيضاء.   *(either ... or)*

Casablanca.

---

12.   لا هو ولا زوجته تعرف العربية.   *(Neither ... nor)*

Exercise 6

Conjunctions Introducing Adverb Clauses

Subordinating conjunctions are used to introduce adverb clauses to mark time, cause, concession, condition, and others, e.g., *after, because, although, if.*

If the adverb clause comes first, a comma is used. If it comes last, no comma is usually used.

Translate these sentences into English.

1. أخبِرْني حالما يصل. (*as soon as*)

2. عندما كان خارج البلاد، كنتُ أنا في ألمانيا. (*abroad*)

   , I was

3. بينما كنت في طريقي إلى البيت، نزل الثلجَ كثيفاً.

   While ,

4. قُبَيْل وصول القطار، كانوا قد غادروا المحطة.

   By the time the train arrived,

5. لم أره منذ أن دخل الجامعة.

   since he

6. انتظرناه حتى أنجز عمله. (*until*)

7. حالما يتوقف المطر، سنتابع المشي.

   As soon as

8. سنبقى أصدقاء ما حيينا. (*as long as*)

.9   سأساعدك ما حييتُ.   (so long as)

.10   كلما أراه أُحيِّيه.

Whenever   ,

.11   أقرضتُه مالاً كلما طلب ذلك.

I lent   whenever

.12   لأن حرارته مرتفعة، ذهب إلى الطبيب.   [NOT for]

Because   ,

.13   بسبب ارتفاع حرارته، ذهب إلى الطبيب.

Because of his   ,

.14   لم يخرجوا من البيت نظراً لشدة البرد.   (due to)

Exercise 7

┌─────────────────────────────────┐
│ *so ... that, such ... that*   │
└─────────────────────────────────┘

• كان الشاي حاراً جداً لدرجة أنني لم أستطع شربه.

• The tea was <u>so</u> hot <u>that</u> I could not drink it.

  [so + Adj / Adv + that]

• كان يوماً بارداً جداً لدرجة أننا لم نخرج.

• It was <u>such</u> a cold <u>day</u> <u>that</u> we could not go out.

  [such + Adj + N + that]

❑ With *many*, *few*, *much*, *little*, we use *so*.

• عمل أخطاء كثيرة لدرجة أنه رسب في الامتحان.

• He made <u>so</u> <u>many</u> mistakes <u>that</u> he failed the test.

❑ These structures show cause-effect relations, and such a subordinate clause is called a clause of result.

Translate these sentences into English.

.1 كان الشراب لذيذاً فَطَلَبَ كأساً آخر. *(so delicious that)*

.2 كانت السيارة باهظة الثمن فلم أستطع شراءها. *(so expensive that)*

.3 كان الطقس جميلاً فخرجنا نتمشى. [NOT ~~a nice weather~~]

It was such nice

.4 كانت تتكلم بسرعة فلم أفهمها. *(so fast that)*

.5 قابلتُ أناساً كثيرين فلا أتذكر أسماءهم. *(so many people that)*

.6 كان هناك أعضاء قليلون فألغي الاجتماع. *(so few members that)*

.7 كان الفصل صعباً جداً فلم أفهمه جيداً. *(so difficult that)*

.8 كان فصلاً صعباً فلم أفهمه جيداً.

It was such a difficult chapter that

.9 كان متعباً فنام مبكراً. *(so tired that)*

.10 كان قلقاً جداً فلم ينم. *(so worried that)*

.11 كان غضبان جداً فلم يدر ما يقول. *(so angry that)*

.12 كان الظلام شديداً فلم ير ما حوله. *(so dark that)*

Exercise 8

---

so that for Purpose

● درس بجدية كبيرة كي ينجح.

● He studied very hard <u>so that</u> he could/might pass.

● He studied very hard <u>in order to</u> pass.

☐ In the adverb clause here, we use *can, could, will, would,* or present simple, whether the clause is positive or negative.

Translate these sentences into English.

1.   من فضلك، أطفئ الراديو كي أستطيع أن أنام.

(*so that I can*)

---

2.   غادرت الحفلة مبكراً كي أستطيع النوم مبكراً.

(*so that I could*)

---

3.   تعلم الطباعة كي تطبع أبحاثك بنفسك.

(*so that you can*)

---

4.   تظاهر الولد بالمرض لكي يبقى في البيت.

(*so that he could*)

---

5.   صرفت الشيك أمس كي أشتري بعض الأشياء.

I cashed the check

---

6.   استأجروا سيارة كي يتمكنوا من زيارة المواقع السياحية.

They hired a car

---

7.   غَنَّتْ الأم للطفل كي ينام.

(*so that he might*)

Exercise 9

even though

حتى بالرغم من مرضه، خرج للسباحة. •

• Even though he was sick, he went swimming.

Translate these sentences into English.

(*Even though*)   حتى بالرغم من تعبه، لم ينم مبكراً.   1.

_____

حتى مع أن الطعام كان رديئاً، أكل ما يكفي.   2.

_____

حتى بالرغم من أنه جاوز الثمانين، إلّا أنه ما زال نشيطاً.   3.

_____

(*told the truth*)   حتى مع أنه قال الحقيقة، لم يصدقوه.   4.

_____

حتى بالرغم من أنه يأخذ الدواء بانتظام، إلّا أنه لم يتحسن.   5.

_____

_____

Exercise 10

**if, even if, unless, only if, in case that,
whether or not**

We use the above words to express conditional relation- ships. We use a comma
if the *if*-clause comes first, but no comma is used if it comes last.

• If you study, you will pass.   إن تدرس تنجح. •

• You will pass if you study.

Translate these sentences into English.

1. حتى وإن سألته فإنه لا يجيبك. (*Even if*)

---

2. لن يساعدك سواء أطلبت مساعدته أم لا.

He won't help you *whether or not* you ask for his help.

He won't help *whether* you ask for his help *or not*.

3. لن يؤمنوا سواء أأنذرتهم أم لم تنذرهم. (*whether or not*)

---

4. لا توقظني (*awaken*) حتى وإن صارت الساعة العاشرة صباحاً. (*even if*)

---

5. لا توقظني إلاّ إذا اتصل. (*unless*)

---

6. أيقظْني في حالة اتصاله. (*in case, in the event that*)

---

7. في حالة عدم رضاك عن البضاعة، يمكنك إرجاعها. (*In case*)

---

8. لا يمكنك السفر إلى الخارج إلاّ إذا كنت تحمل جواز سفر. (*unless*)

---

9. إذا لم تُفْطر، فستبقى ضعيفاً طيلة النهار.

---

10. لن أذهب في حالة واحدة هي عدم ذهابه. (*only if*)

---

11. سواء أنصحته أم لا، لن يستمع إليك. (*Whether or not*)

.12 لن يتوقف عن التمارين الرياضية إلاّ إذا كان الطقس بارداً جداً. (*unless*)

____

.13 فقط إذا درست يمكنك أن تنجح. (*Only if*)

can you pass.

____

.14 إذا لم يرن المنبه (*the alarm clock*)، فلا أستيقظ. (*Unless*)

____

.15 حتى وإن رنَّ المنبه فإنه لا يستيقظ. (*Even if*)

____

Exercise 11

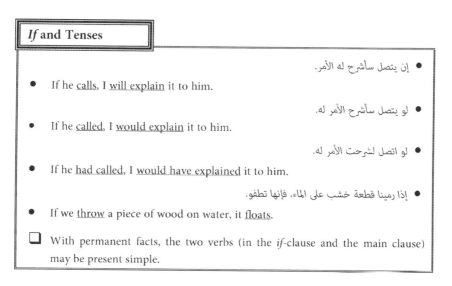

If and Tenses

- إن يتصل سأشرح له الأمر.
- If he calls, I will explain it to him.
- لو يتصل سأشرح الأمر له.
- If he called, I would explain it to him.
- لو اتصل لشرحت الأمر له.
- If he had called, I would have explained it to him.
- إذا رمينا قطعة خشب على الماء، فإنها تطفو.
- If we throw a piece of wood on water, it floats.

❑ With permanent facts, the two verbs (in the *if*-clause and the main clause) may be present simple.

Translate these sentences into English.

.1 إذا سقت بسرعة فائقة فإنك تتعرض للخطر.

____

2. إذا أضفتَ حامض الكبريتيك إلى الحديد، فإنهما يتفاعلان. *(add, interact)*

---

3. إذا سقيت الشجرة بانتظام، فإنها تنمو بسرعة. *(irrigate, grows)*

---

4. إذا سخنت الجليد، فإنه يذوب. *(heat, melts)*

---

5. إذا برد المعدن، فإنه يتقلص. *(cools, contracts)*

---

6. إذا غابت الشمس، بدأ الليل. *(sets, begins)*

---

7. لو يخبرني الحقيقة أساعده. *(told)*

---

8. لو أخبرني الحقيقة لساعدتُه. *(had told)*

---

9. إن يخبرني الحقيقة أساعدْه. *(tells)*

---

10. إن تقرضني بعض المال أكنْ شاكراً لك. *(lend)*

---

11. لو تقرضني بعض المال أكون شاكراً لك. *(lent)*

---

12. لو أقرضتني بعض المال لكنتُ شاكراً لك. *(had lent)*

---

13. إذا وصلت الحراره إلى الصفر، فإن الماء يتجمد. *(reaches, freezes)*

(reaches, boils)

.14 إذا وصلت الحرارة إلى مئة، فإن الماء يغلي.

Exercise 12

---

but for لولا

● لولا النيل لكانت مصر صحراء.

● But for the Nile, Egypt would have been a desert.

Translate these sentences into English.

.1   لولا مساعدتك، لما أمكنني التغلب على المرض.

.2   لولا الحروب، لحصل تقدم اقتصادي كبير في البلاد العربية.

But for wars,

(divine revelation)   .3   لولا الوحي السماوي، لتاه الناس في الظلام.

.4   لولا المال، لعاش الناس في راحة بال.

.5   لولا المطر، لمات الناس من الجوع.

.6   لولا الرياح، لما نزل المطر.

But for winds,

.7   لولا الشمس، لما كانت الرياح.

But for the sun,

---

8. لولا مساعدة والده، لما استطاع مواصلة تعليمه الجامعي.

But for his father's help,

Exercise 13

Impossible Condition

- لو درستَ لنجحتَ.
- If you <u>had studied</u>, you <u>would have passed</u>.
- <u>Had</u> you <u>studied</u>, you would have passed.

❑ Notice the subject-verb inversion in the second sentence.

Translate these sentences into English.

1. لو كان معك، لما حدث ما حدث.

If he

Had he

2. لو أخبرته لَنَصَحَكَ.

If you

Had you

3. لو لم يُخطئ لما عوقبَ.

If he

Had he

4. لو اتحد العرب، لكانوا أقوى.

If the Arabs

Had the Arabs

5. لو تكلمتَ معه بصراحة أكثر، لزال سوء التفاهم بينكما.

If

Had

Exercise 14

If I were

- لو أنني مكانك لَسَامحتُهُ.
- If I were you, I would forgive him.
- Were I you, I would forgive him.

❑ We use *were* with all subjects, whether singular or plural, in such conditional clauses.

Translate these sentences into English.

1. لو أنني مليونير، لأعنتُ الفقراء والمحتاجين.

(*the poor and the needy*)

If I were

2. لو كنتُ مليونيراً، لأعنتُ الفقراء والمحتاجين.

If I had been

3. لو أستطيع، لفعلتُ.

If I could, I would.

4. لو أنني مكانك، لقبلتُ الدعوة.

A. Were I you,

B. If I were you,

5. لو أنهم هنا، لوقفوا معنا.

If they were here,

6. لو كانوا هنا، لوقفوا معنا.

A. Had they been here,

B. If they had been here,

7. لو استمع لفهم.

Had he listened,

8.   لو يستمع لفهم.   *(listened)*

---

9.   إن يستمع يفهمْ.   *(listens)*

---

10.   أتمنى أن أراك كل يوم.   *(would see)*

Chapter 12

PROVERBS
AND
SAYINGS

Exercise 1

Translate these sentences into English.

1.   إذا كان الكلام من فضة فالسكوت من ذهب.

If speaking

_____

2.   إتقان العمل من الإيمان.

(*perfection, faith*)

_____

3.   الحسود لا يسود.

(*envious*)

_____

4.   المعرفة القليلة خطرة.

(*little knowledge*)

_____

5.   القليل خير من العدم.

(*a little, nothing*)

_____

6.   الكذاب يخشى ضعف ذاكرته.

(*liar, memory*)

_____

7.   القُطْبة في وقتها توفر قُطَباً.

(*A stitch in time*)

_____

8.   الأفعال أعلى صوتاً من الأقوال.

(*deeds, words*)

_____

9. اِلزمْ الصمتَ أو قُل ما يستحق السمع. *(Be silent ...)*

---

10. الجمال دون فضيلة لعنة. *(virtue, a curse)*

Exercise 2

Translate these sentences into English.

1. اِحذرْ اللسان الناعم لأن لسعه مميت. *(Beware of)*

---

2. العاقل مَنْ استفاد مِنْ خطأ غيره. *(The wise man)*

---

3. الأولاد يمتصون أمهم في صغرهم وأباهم في كبرهم.

---

4. القناعة كنز لا يفنى. *(Content)* [NOT ~~the content~~]

---

5. الأنهار العميقة تسير بهدوء. *(Deep rivers)* [NOT ~~the~~]

---

6. المصاعب تفسح المجال للمجد. *(hardships, glory)*

---

7. الأدب يكلف قليلاً ويساوي كثيراً. *(Good behavior)*

---

8. المال عَبْدٌ جيد وسيد سيئ. *(a slave, a master)*

---

9. اِتبعْ النهر تصلْ إلى البحر. *(If)*

---

10. الحمقى يملأون جيوب المحامين.
(*Fools*) [NOT ~~the fools~~]

Exercise 3

Translate these sentences into English.

1. الكلام اللّيّن يشفي الأوجاع الشديدة.
(*Soft words*) [NOT ~~the~~]

2. الكلام العذب خير من الماء العذب.
(*palatable water*) [NOT ~~the~~]

3. الحكيم يجعل من العدو صديقاً.
(*makes a friend from*)

4. إِسمع مرتين قبل أن تتكلم مرة واحدة.
(*hear, speak*)

5. الأمانة خير سياسة.
(*honesty*) [NOT ~~the~~]

6. إذا فعلت الواجب فلا تستحق الثناء.
(*duty, praise*)

7. المعرفة في الشباب حكمة في الشيخوخة.
(*youth, old age*)

8. الحاجة أم الاختراع.
(*need, invention*) [NOT ~~the need~~]

9. الربح يُنسي الألم.
(*profit, pain*)

10. المثابرة تمهد كل عقبة.
(*perseverance, obstacle*)

Exercise 4

Translate these sentences into English.

(mastery, practice) [NOT the]	الإتقان يتحقق بالمزاولة.	1.
(vices, virtues)	الرخاء يكشف الرذائل والشدة تكشف الفضائل.	2.
(quality, quantity)	النوعية أهم من الكمية.	3.
(repentance, forgiveness)	التوبة طريق الغفران.	4.
(roses, thorns)	الورد يسقط والشوك يبقى.	5.
(follow one another)	الحزن والفرح يتعاقبان.	6.
(Second thoughts)	الفكرة الثانية هي الأفضل.	7.
(chastity)	المرأة التي تفقد عفتها لا يبقى لها شيء تفقده.	8.
(a liar, a thief)	أرني كاذباً أريك لصاً.	9.
(A silent man)	الرجل السكوت كالمياه الهادئة لا يُسبَر غَوْرُها.	10.

Exercise 5

Translate these sentences into English.

1. العَيْنُ مرآة القلب.   (*mirror*)

2. أهم أشغالِ الحياة الاستعداد للموت.   (*readiness for death*)

3. البدر ينبئ عن طقس جميل.   (*The full moon*)

4. أشد الطبول صوتاً أكثرها فراغاً.   (*The loudest drum*)

5. السفينة تدار بالمهارة وليس بالقوة.   (*skill, power*)

6. الاستعداد للحرب حفاظ على السلام.   (*war, peace*)

7. لا تُطْفَأ النار بصب الزيت عليها.   (*extinguish*)

8. طفل اليوم والد الغد.   (*Today's child*)

9. الحاضر ابن الماضي.   (*the present, the past*)

Exercise 6

Translate these sentences into English.

1. الإنسان يخطئ والله يغفر.   (*errs, forgives*)

2. الكلام دون تروٍ مثل إطلاق السهم دون هدف. *(shooting an arrow)*

---

3. إذا حنيتَ القوسَ كثيراً ينكسر. *(bend the bow)*

---

4. الإرادة قوة. *(will, power)*

---

5. الخمرة أَغرقتْ أكثر من البحر. *(wine, drown)*

---

6. الحماسة دون معرفة كالنار بلا نور. *(enthusiasm)*

---

7. الوفاء ضالة، كثير ناشدها قليل واجدها. *(loyalty)*

---

8. الوثبة على قدر العَزْم. *(A leap)*

---

9. الجاهل عدو نفسه. *(An ignorant person)*

---

10. النار ولا العار. *(fire, shame)*

Exercise 7

Translate these sentences into English.

1. الناس عبيد الإحسان.

---

2. الناس سواسية كأسنان المِشْطْ. *(comb teeth)*

(*fun, regret*)	3. المزاح أوله فَرَح وآخره تَرَح.

(*lying*)	4. الثرثرة والكذب يسيران معاً.

(*die of*)	5. الذين يموتون من الطعام أكثر من الذين يموتون من الجوع.

One is	6. المرء حيث يضع نفسه.

(*union, strength*)	7. الاتحاد قوة.

(*what, who*)	8. المهم ما أنت لا من أنت.

---

	9. اللص يسرق مالك والكذاب يسرق عقلك.

(*companion*)	10. الكتاب خير جليس.

Exercise 8

Translate these sentences into English.

(*sharper*)	1. القلم أمضى من السيف.

(*expensive, cheap*)	2. الغالي رخيص.

(*knowledge, deeds*)	3. العلم شجرة والعمل ثمرتها.

---

4. العدل أساس المُلك.
(*justice, government*)

5. إن الطيور على أشكالها تقع.
Birds of feather flock together.

6. الصِّيتُ الحسن خير من الذهب.
(*A good name*)

7. الصبر عند المصائب من أعظم المواهب.
(*patience, talents*)

8. الصديق وقت الضيق.
A friend indeed is a friend

9. العادة طبيعة ثانية.
(*habit, nature*)

10. السعيد من اتعظ بغيره.

Exercise 9

Translate these sentences into English.

1. رأيان خير من رأي واحد.
Two heads

2. الدالّ على الخير كفاعله.

3. المال يجلب المال.
(*money*) [NOT ~~the~~]

4. الدراهم مراهم.
(*money*) [NOT ~~the~~]

5. الدم لا يصير ماءً.

(*envy*) [NOT ~~the~~] 6. الحسد يُذيب الجسد.

---

7. أيسر شيء الدخول في العداوة.

(*a liar*) 8. إن كنتَ كذوباً فكن ذَكوراً.

(*iron*) [NOT ~~the~~] 9. اِضربْ الحديد وهو حامٍ.

(*the cradle, the grave*) 10. أُطلُب العلم من المهد إلى اللحد.

Exercise 10

Translate these sentences into English.

(*love, defects*) 1. الحبّ يستر جميع العيوب.

(*seed*) 2. أول الشجرة بذرة.

(*rose, thorn*) 3. إن لم تكن ورداً فلا تكن شوكاً.

(*A hungry wolf*) 4. الذئب الجائع يهاجم الأسد.

(*anger, madness*) 5. الغضب نوع من الجنون.

---

6. العقل السليم في الجسم السليم. (*A sound mind*)

---

7. المصائب محك الرجال. (*touchstone*)

---

8. آفة العلم النسيان.

---

9. أُطلب العِلم ولو في الصين. (*even in*)

---

10. أَعِنْ من استعانَ بك. (*asks for your help*)

---

11. الأُلْفة ترفع الكُلْفة. (*Familiarity*) [NOT ~~the~~]

---

12. إنَّ أخاكَ من واساكَ.

---

13. من يدفع هو الذي يتكلم. (*pays, says*)

---

14. من يوظّف هو الذي يطرد. (*hires, fires*)

Chapter 13

FROM
THE HOLY QURAN

Exercise 1

Translate these sentences into English.

1. بسم الله الرحمن الرحيم.

In the name of Allah, the Most Gracious, the Most Merciful.

2. إياكَ نعبد.

You

3. الله يستهزئ بهم.

(mocks at)

4. اِتقوا النارَ.

(the Fire)

Beware of

5. كيف تكفرون بالله؟

(disbelieve in)

6. ولا تلبسوا الحق بالباطل.

(truth, falsehood)

Do not mix

7. فويل للذين يكتبون الكتاب بأيديهم.

Woe to those

8. فاذكروني أذكرْكم.

(remember)

.9 كلوا من طيبات ما رزقناكم. (*lawful things*)

.10 كُتِب عليكم الصيام. (*is prescribed for you*)

Exercise 2

Translate these sentences into English.

.1 ولا تأكلوا أموالكم بينكم بالباطل. (*your property*)

.2 وأنفقوا في سبيل الله. (*spend*)

.3 الله لا إله إلا هو. (*god*)

.4 يُؤْتي الحِكمة من يشاء. (*whomever he wills*)

.5 اِتقوا اللهَ. (*fear*)

.6 إن اللهَ لا يخفى عليه شيء.

Nothing can be ______

.7 أطيعوا اللهَ والرسولَ. (*obey*)

.8 ربَّنا آمنا بما أنزلْتَ.

Our Lord, ______

.9 واعتصموا بحبل الله جميعاً. (*hold fast to*)

(*the best nation*) .10 كنتم خيرَ أُمة أُخرجتْ للناس.

Exercise 3

Translate these sentences into English.

.1 ولله ما في السماوات وما في الأرض.

To Allah belongs all that

(*fulfilled His promise*) .2 ولقد صدقكم اللهُ وعده.

(*supports*) .3 إن ينصركم الله فلا غالب لكم.

(*taste death*) .4 كل نفسٍ ذائقةُ الموتِ.

(*worship*) .5 واعبدوا اللهَ ولا تشركوا به شيئاً.

(*take partners with him*) .6 إنّ اللهَ لا يغفر أَنْ يُشرك به.

(*trusts*) .7 إنّ الله يأمركم أن تؤدوا الأماناتِ إلى أهلها.

(*wherever, overtake*) .8 أينما تكونوا يدرِكْكم الموتُ.

(*greeted, a greeting*) .9 وإذا حُييتم بتحية فحيوا بأحسن منها.

(*forgiveness*) .10 واستغفرْ اللهَ.

Exercise 4

Translate these sentences into English.

(earns a sin)	‏ومن يكسبْ إثماً فإنما يكسبُهُ على نفسه.‏	.1
(hypocrites, the Fire)	‏إنَّ المنافقين في الدَّرْكِ الأسفل من النار.‏	.2
(duty, convey the Message)	‏ما على الرسولِ إلاَّ البلاغُ.‏	.3
(from clay) It is He Who	‏هو الذي خلقكم من طين.‏	.4
(the Supreme)	‏هو القاهر فوق عباده.‏	.5
(more unjust)	‏ومَنْ أظلمُ ممن افترى على الله كذباً؟‏	.6
(the home of peace)	‏لهم دار السلام عند ربهم.‏	.7
(a good deed)	‏منْ جاء بالحسنة فله عَشْر أمثالها.‏	.8
(partner)	‏لا شريك له.‏	.9
(an appointed term)	‏ولكل أمةٍ أجَلٌّ.‏	.10

Exercise 5

Translate these sentences into English.

(*messenger*) 1. إني رسول اللهِ إليكم جميعاً.

(*the Most Beautiful Names*) 2. ولله الأسماءُ الحسنى.

(*Able to do*) 3. والله على كل شيء قديرٌ.

(*befalls, grieves*) 4. إنْ تصبكَ حسنةٌ تَسُؤهُمْ.

(*All-Knower, All-Wise*) 5. والله عليمٌ حكيمٌ.

(*the supreme success*) 6. ذلك هو الفوزُ العظيمُ.

(*Oft-Forgiving, Most Merciful*) 7. واللهُ غفورٌ رحيمٌ.

---

8. وبَشِّرْ المؤمنين.

And give glad tidings

---

9. وكونوا مع الصادقين.

Be true.

(*the pious*) 10. واعلموا أن اللهَ مع المتقين.

Exercise 6

Translate these sentences into English.

1. أولئك أصحابُ الجنةِ. *(the dwellers of Paradise)*

---

2. فانظر كيف كان عاقبة الظالمين. *(wrong-doers)*

---

3. ولكن أكثرهم لا يعلمون. *(most of them)*

---

4. ولا تكوننَّ من الذين كذَّبوا بآيات الله. *(belie the verses)*

---

5. إنّ ربي على كل شيء حفيظٌ. *(a Guardian over)*

My Lord

---

6. إنه حميدٌ مجيدٌ. *(All-Praiseworthy, All-Glorious)*

---

7. عليه توكلتُ وإليه أُنيب.

In Him I trust and unto Him I repent.

---

8. ذلك ذكرى للذاكرين. *(a reminder, the mindful)*

---

9. إنه لا يفلحُ الظالمون. *(wrong-doers)*

---

10. إنه هو السميعُ العليمُ. *(the All-Hearer, the All-Knower)*

Exercise 7

Translate these sentences into English.

(*the Most Merciful of*)	وهو أرحم الراحمين.	.1

	فإن اللهَ لا يُضيع أجرَ المحسنين.	.2
the reward of good-doers.		

(*the One, the Irresistible*)	وهو الواحد القهَّار.	.3

(*the remembrance of Allah*)	ألا بذكرِ اللهِ تطمئن القلوبُ.	.4

	وعلى اللهِ فليتوكلْ المؤمنون.	.5
And in Allah let believers put their trust.		

(*the All-Hearer of invocations*)	إن ربي لسميعُ الدعاءِ.	.6

(*death*)	واعبدْ ربكَ حتى يأتيكَ اليقينُ.	.7

(*used to do*)	إن اللهَ عليمٌ بما كنتم تعملون.	.8

(*wrong them*)	وما ظلمهمُ اللهُ ولكن كانوا أنفسهم يظلمون.	.9

(*the Unseen of*)	وللهِ غيبُ السماوات والأرضِ.	.10

Exercise 8

Translate these sentences into English.

1. إن الله يأمر بالعدلِ والإحسانِ. *(enjoins justice)*

---

2. وإن عاقبتم فعاقبوا بِمثلِ ما عوقبتم به. *(with the like of)*

If you punish (your enemy),

---

3. من اهتدى فإنما يهتدي لنفسه.

Whoever goes right

---

4. إن ربكَ يبسطُ الرزقَ لمن يشاء. *(enlarges provision for)*

---

5. ولقد كَرَّمنا بني آدم. *(have honored)*

---

6. فإنه يعلم السِرَّ وأخْفى. *(the secret, more hidden)*

---

7. هذا يومكم الذي كنتم توعدونَ. *(were promised)*

---

8. إنّ اللهَ يفعلُ ما يريد. *(does, wills)*

---

9. إنما أنا نذيرٌ مبينٌ. *(a plain warner)*

---

10. هو العليُّ الكبيرُ. *(the Most High, the Most Great)*

Exercise 9

Translate these sentences into English.

(forgive, have mercy)	ربِّ اغفرْ وارحم وأنتَ خيرُ الراحمينَ.	.1

(reveal, conceal)	واللهُ يعلمُ ما تبدون وما تكتمون.	.2

(guides)	واللهُ يهدي من يشاءُ إلى صراط مستقيمٍ. the Straight Path.	.3

(is)	وكان ربُّكَ بصيراً.	.4

(is)	وكان الله غفوراً رحيماً.	.5

	وسبحانَ اللهِ ربَّ العالمينَ.	.6
Glory be to Allah,		

(mischief-makers)	إنَّ اللهَ لا يحبُّ المفسدينَ.	.7

(deny Our Signs)	وما يجحدُ بآياتنا إلاَّ الظالمونَ.	.8

(does not break)	لا يخلفُ اللهُ وعدَه.	.9

(disbelievers)	إنه لا يحبُ الكافرينَ.	.10

Exercise 10

Translate these sentences into English.

1. إنّ وعدَ اللهِ حق. (*true*)

2. وكان ذلكَ على اللهِ يسيراً. (*is easy for*)

3. وهو على كل شيء شهيد. (*a Witness over*)

4. فللهِ العزةُ جميعاً.

All honor and power

5. يا ليتَ قومي يعلمون.

Would that my people knew.

6. إنّ إلهكم لواحد. (*One*)

7. أولئك هم أُلو الألبابِ. (*men of understanding*)

8. ويعذِّبُ المنافقين والمنافقات. (*female hypocrites*)

9. إنا أرسلناكَ شاهداً ومبشراً ونذيراً.

Verily, We have sent you as a witness, as a bearer of glad tidings, and as a warner.

10. فويلٌ يومئذٍ للمكذبينَ.

Woe that day to beliars.

Exercise 11

Translate these sentences into English.

1. ثم يعيدكم فيها ويُخرجكم إخراجاً.

Then He will return you

2. ذلك اليومُ الحقُّ.

(the True Day)

3. إنَّ مع العُسْر يُسْراً.

(hardship, relief)

4. اِقرأ باسم ربكَ الذي خلق.

Read in the Name

5. فمن يعملْ مثقالَ ذرةٍ خيراً يره.

(the weight of an atom)

Whosoever

6. يحسبُ أنَّ مالَه أَخْلَدَه.

(makes him eternal)

7. إن الله لا يحب المعتدين.

(aggressors)

8. إن الله يحب المحسنين.

(good-doers)

9. إن الله يحب التوابين.

(who repent)

10. والله لا يحب كل كفارٍ أثيم.

(sinful disbeliever)

- 173 -

Exercise 12

Translate these sentences into English.

(wrong-doers)	والله لا يحب الظالمين. .1

(the pious)	فإن الله يحب المتقين. .2

(the patient)	والله يحب الصابرين. .3

(who depend on Him)	إن الله يحب المتوكلين. .4

(who are just)	إن الله يحب المقسطين. .5

(mischief-makers)	والله لا يحب المفسدين. .6

(the extravagant)	إنه لا يحب المسرفين. .7

(the pure)	والله يحب المطّهرين. .8

(the arrogant)	إنه لا يحب المستكبرين. .9

(disbelievers)	إنه لا يحب الكافرين. .10

Chapter 14

A VARIETY OF SENTENCES

Exercise 1

Translate these sentences into English.

1. هناك عوامل كثيرة تؤثر في تعلم اللغة الأجنبية. *(factors)*

____

2. كانت السنوات الأولى من فترة حكمه مليئة بالإنجازات. *(achievements)*

____

3. يمكن تصنيف الأدب إلى رواية وشعر ومسرحية ونثر غير قصصي. *(nonfiction prose)*

____

____

4. يتميز مناخ تلك البلاد بالحرارة المرتفعة والجفاف الشديد. *(dryness)*

____

____

5. بشكل عام توجد في أوروبا اتجاهات فلسفية متعددة وأحياناً متعارضة. *(philosophical trends)*

____

____

6. يمكن استخدام الوسائل المعينة السمعية والبصرية لسهيل التعليم والتعلم. *(audio-visual aids)*

____

7. إن أسلوب المناقشة في التدريس قد يكون أفضل من أسلوب المحاضرة.
    (*discussion method, lecture method*)

    _____

8. تستخدم البوصلة من قبل البحّارة لتحديد موقع السفينة واتجاهها.
    (*compass, sailors*)

    _____

9. من أشد أعداء الحياة البشرية الحروب التي لا تتوقف في جميع أنحاء العالم.
    (*human life*)

    _____

10. كان العالم القديم يتكون من ثلاث قارات فقط، وأصبح الآن يتكون من ست قارات. (*continents*)

    _____

Exercise 2

Translate these sentences into English.

1. مع تقدم العلم، ظهرت حقول تخصص لم تكن معروفة من قبل.
    (*fields of specialization*)

    _____

2. وظيفة الدولة المحافظة على سيادة القانون وحفظ الأمن وتوفير الحاجات الأساسية للمواطنين. (*law sovereignty*)

    _____

3.   على الطالب أن ينظم جدوله اليومي لكي يستطيع أداء كل واجباته.

(daily schedule)

_____

_____

4.   على المعلم أن ينوّع أساليب تدريسه وأساليب اختباراته.

(teaching methods)

_____

(daily life)   5.   إن الدين هو العامل الرئيس في ضبط حياة الإنسان اليومية.

_____

(criminal law) 6.   ينقسم القانون إلى عدة أقسام، منها القانون الجنائي والقانون التجاري والقانون الدولي.

_____

7.   علم النفس علم يبحث في سلوك الإنسان والغرائز والدوافع والحاجات.

(instincts, motives)

_____

_____

(human groups) 8.   علم الاجتماع يبحث في سلوك الجماعات البشرية والعلاقات بين الفرد والمجتمع.

_____

(policy, economy)   9.   العلاقة وثيقة بين جغرافية بلد ما وسياسته واقتصاده.

_____

(an example)   10.   الوالدان قدوة لأبنائهما.

_____

Exercise 3

Translate these sentences into English.

1. السياسة دون أخلاق هي كذب بشكل يومي. *(politics, ethics)*

2. يجب أن تُبْنى العلاقات بين الدول على أساس الالتزام بالقانون الدولي. *(abiding by)*

3. يزودنا التاريخ بالدروس النافعة لفهم الحاضر.

4. إذا كان الأدب من غير أدب فإن ضرره أكثر من نفعه. *(literature, ethics)*

5. أفلاطون وأرسطو من فلاسفة اليونان القدامى. *(Plato, Aristotle)*

6. أراد الفلاسفة الوصول إلى الحقيقة، ولكنهم فشلوا فشلاً ذريعاً في ذلك. *(philosophers)*

7. بعض المجتمعات كانت زراعية، ولكنها تحولت إلى مجتمعات صناعية بعد ظهور الآلات والمصانع. *(agricultural, industrial)*

8. يتطلب البحث العلمي تكريساً وإرادة بالإضافة إلى الباحثين والمختبرات والأموال. *scientific research, researchers)*

9. الأسرة نواة المجتمع، والزواج عمود الأسرة، والدين جوهر الزواج والأسرة والمجتمع. *(nucleus, pillar, essence)*

10. تقع المغرب في الركن الشمالي الغربي من قارة إفريقيا، ويفصلها مضيق جبل طارق عن إسبانيا. *o, Gibraltar Strait)*

Exercise 4

Translate these sentences into English.

1. الكتابة تمثيل جزئي للكلام، إذ هي لا تبين النغمة والمشاعر والعواطف التي تظهر في الكلام. *partial representation)*

2. الشعر بحور وتفعيلات وقوافٍ. *(meters, feet, rhymes)*

3. من أعضاء الجهاز الصوتي الحنجرة (*larynx*) والبلعوم (*pharynx*) واللسان والأنف والشفتان والأسنان وسقف الفم (*palate*).

4. الإيمان يؤدي إلى راحة النفس.   (belief, relief)

5. إتقان اللغة يتطلب مراناً مستمراً.   (mastery, practice)

6. التعليم الجيد يؤدي في العادة إلى تعلم جيد.   (teaching, learning)

7. يهدف التعليم إلى نقل المعرفة والخبرة من جيل إلى جيل.   (generation)

8. يتعلم المرء من الخطأ كما يتعلم من الصواب.   (errors)

9. يحتاج المترجم إلى معاجم متخصصة ومعاجم عامة.
(specialized, general)

10. الإدارة العامة هي إدارة المؤسسات الحكومية.   (public administration)

Exercise 5

Translate these sentences into English.

1. القطاع الخاص (the private sector) يشمل المؤسسات الاقتصادية غير الحكومية.

2. يحتاج عالم الاقتصاد علم الإحصاء في تحليلاته واستنتاجاته.
(statistics, analyses)

_____

_____

3. هناك عوامل عديدة تتحكم في الأسعار والرواتب والتضخم.
(inflation)

_____

4. المحاسبة تقع ضمن الإدارة المالية.
(finanical management)

_____

5. الإدارة علم وفن في الوقت ذاته.
(science, art)

_____

6. الترجمة عملية نقل من اللغة المصدر إلى اللغة الهدف.
(source language, target larguage)

_____

_____

7. الأمانة العلمية (academic) تفرض على المترجم أن يحافظ على النص المترجَم دون زيادة أو حذف.

_____

_____

8. الترقيم الصحيح جزء من الصحة النحوية للجملة.
(punctuation, correctness)

_____

_____

9. الترجمة من الإنجليزية إلى العربية أسهل كثيراً في الغالب من الترجمة من العربية إلى الإنجليزية.

_____

10. القواعد صرف ونحو: الصرف يبحث في بناء الكلمة والنحو يبحث في بناء الجملة. (*morphology, syntax*)

____

____

Exercise 6

Translate these sentences into English.

1. علم اللغة فرعان: علم اللغة النظري وعلم اللغة التطبيقي.

(*applied linguistics*)

____

2. هناك تشابهات كثيرة بين الصين واليابان. (*similarities*)

____

3. يختلف التحديث عن التغريب، إذ يمكن لبلد ما أن يكون حديثاً دون أن يكون متغَرِّباً. (*modernization, westernization*)

____

____

4. تعتمد الحضارة الغربية على الفردية المتطرفة.

(*extreme individualism*)

____

5. في الغرب مبدأ غير أخلاقي هو أن الغاية تبرر الوسيلة. (*goal, means*)

____

6. تشتهر الولايات المتحدة الأمريكية بازدواجية المعايير.

(*double standards*)

____

____

.7   الغرب (*the West*) يتبنى مبدأ الحق للقوة بدلاً من أن القوة للحق.

(*might is right*)

_____

_____

.8   في الحضارة الغربية كل شيء تقريباً مباح إلاّ قطع الإشارة الحمراء.

_____

.9   في الغرب يشربون الخمر أكثر من شربهم الماء.

(*wine*)

_____

.10   أمريكا التي تزعم أنها تدافع عن حقوق الإنسان تشن كل عام تقريباً حرباً عـلى دولـة مـا فتقتـل آلاف الأبرياء.

(*human rights*)

_____

_____

Exercise 7

Translate these sentences into English.

.1   التعليم المختلط (*co-education*) ليس بالضرورة أفضل من التعليم غير المختلط.

_____

.2   المرأة التي تعمل في بيتها هي امرأة عاملة أيضاً.

(*working woman*)

_____

.3   الحضارة الإسلامية تناقض الحضارة الغربية في كثير من المبادئ والقيم.

(*principles, values*)

_____

_____

.4   ساسة بريطانيا وأمريكا مغرمون بشـن الحروب وسفك الدماء وافتـراء الأكاذيب. (bloodshed, fabrication of lies)

_____

_____

.5   أمريكا أصبحتْ دولة يخافهـا الجميع ولكن لا يحبها أحد. وهذه حتماً بداية نهايتها. (loved by none)

_____

_____

.6   ألمانيـا تسعى إلى التعـاون الاقتصـادي، ولكن أمريكـا تسعى إلى الهيمنة الاقتصـادية. (co-operation, dominance)

_____

_____

.7   يمكن استخدام وسائل الإعلام لتنوير الجماهير أو لتضليلها.

     (orient, mislead)

_____

.8   البيت الأبيض يحكم العالم، والكونغرس يحكم البيت الأبيض، واليهود يحكمون الكونغرس في هذه الأيام. (the White House)

_____

_____

.9   الإيمان (faith) يقتضي الإيمان بالله وملائكته ورسله وكتبه واليوم الآخر.

     (the Last Day)

_____

_____

.10   فرضَ الله على المسلم أن يكون بارّاً بوالديه. (dutiful to his parents)

_____

Chapter 15

REVIEW

Exercise 1

Translate these sentences into English.

1. إنه مهتم بالدراسات الإسلامية.

2. ليته معنا الآن.

3. ليته كان معنا أمس.

4. أنا متأخر قليلاً اليوم، أليس كذلك؟ *(, aren't I?)*

5. أفضل أن أقرأ الآن على أن أخرج. *(rather than go ...)*

6. أفضل القراءة على مشاهدة التلفاز. *(prefer ... to)*

7. إنني معتاد على مثل هذا الطقس. *(am used to)*

8. هذا الكتاب يستحق القراءة. *(is worth reading)*

9.　　كان ذلك مضيعة للوقت والجهد والمال.

(a waste of)

10.　　يشعر بالوحدة إن لم يجد من يكلمه.

(lonely)

Exercise 2

Translate these sentences into English.

1.　　السؤال صعب عليّ أن أجيبه.

(for me, to answer) [NOT ~~answer it~~]

2.　　إنني مسرور أن أسمع هذا الخبر.

(pleased to ...)

3.　　إنك أول من عرف.

(the first to know)

4.　　إنها متأكدة من أنها ستجتاز الامتحان.

(sure to pass ...)

5.　　إنه خائف من الغد.

(afraid of)

6.　　إنه خائف أن يخبر والديه.

(afraid to)

7.　　إنني آسف أن أخبرك بذلك.

(sorry to)

8.　　إنني آسف لما حدث.

(sorry for)

9.   إنني مهتم أن أتعلم هذه اللغة.   *(intersted to)*

10.   إنني مهتم بهذه اللغة.   *(intersted in)*

Exercise 3

Translate these sentences into English.

1.   لم يكن لديه المال الكافي ليبني بيتاً.   *(enough money to build)*

2.   لم يكن غنياً بشكل كاف ليبني بيتاً.   *(rich enough to)*

3.   كان الطعام ساخناً جداً لا يمكن أكله.   *(too hot to)*

4.   كان الشراب بارداً جداً لا يمكن شربه.   *(too ... drink)* [NOT ~~drink it~~]

5.   أتفق معك تماماً.   *(quite agree)*

6.   هل تستطيع أن تمشي أسرع قليلاً؟   *(a bit faster)*

7.   كان أداؤه أسوأ مما كان متوقعاً.   *(worse than expected)*

8.   كلما استهلكتَ كهرباء أكثر، كانت الفاتورة أعلى.   *(the more...., the higher...)*

9. ‏هذه الحقيبة أثقل قليلاً من تلك.   (*slightly heavier*)

10. ‏راتبه مثل راتبي.   (*the same as*)

Exercise 4

Translate these sentences into English.

1. ‏هذه الحديقة ثلاثة أمثال تلك في الاتساع.   (*three times as big as*)

2. ‏إن الشارع اليوم أقلّ ازدحاماً من المعتاد.   (*less crowded than usual*)

3. ‏إن الطقس اليوم ليس بارداً مثل أمس.   (*not so cold as*)

4. ‏ما أطول نهر في العالم؟   (*longest*)

5. ‏دائماً يأتي متأخراً.   (*always comes*)

6. ‏ما زالت تمطر.   (*is still*)

7. ‏لا أحد منهم هنا.   (*none of*)

8. ‏كلا الطالبَيْن مجتهدان.   (*both of ... are*)

(neither ... nor)	لم يأت إلى الحفلة لا أحمد ولا علي.	9.

(either ... or)	إمّا أن تعتذر له وإمّا لها.	10.

Exercise 5

Translate these sentences into English.

(every four hours)	إنه يأكل شيئاً ما كل أربع ساعات.	1.

(, two of which)	عندهم أربع سيارات، اثنتان منها لا يستخدمونها.	2.

(, whom)	هذا صديقي عادل، الذي أخبرتك عنه أمس.	3.

(tired, tiring)	إنه مُتْعَبٌ لأن وظيفته مُتْعِبَةٌ.	4.

(bored, boring)	إنه يشعر بالملل لأن القصة مملَّة.	5.

(the last ten minutes)	لم ينتبه جيداً في الدقائق العشر الأخيرة.	6.

(the first two days)	كان نشيطاً جداً في اليومين الأولَيْن.	7.

(the black and white dress)	لبستْ الفستان الأسود والأبيض.	8.

9.   لبستُ الفستان الأسود الطويل.   (*the black long dress*)

10.   بدا حزيناً ونظر إليّ بحزن.   (*sad, sadly*)

Exercise 6

Translate these sentences into English.

1.   كن حذراً وسُقْ بحذر.   (*careful, carefully*)

2.   بدا جاداً وكلمني بجدية.   (*serious, seriously*)

3.   جرى بسرعة كبيرة إذ هو عَدَّاء سريع.   (*fast, fast*)

4.   لم تكن لديه خبرة كافية لهذه الوظيفة.   (*enough ... for*) [NOT ~~to~~]

5.   أسمع الأخبار من الراديو كل يوم.   (*on the radio*) [NOT ~~from~~]

6.   أسمع الأخبار من التلفزيون كل يوم.   (*on television*) [NOT ~~the~~]

7.   ماذا تناولت في الفطور؟   (*have for breakfast*) [NOT ~~the~~]

8.   متى الغداء؟   (*lunch*) [NOT ~~the~~]

(a nice lunch) [Use *a*.] كان غداء جيداً. .9

(Grade 10) [NOT ~~the~~] إنه في الصف العاشر. .10

Exercise 7

Translate these sentences into English.

(Room 111) [NOT ~~the~~] إنه في الغرفة 111. .1

(mosque) [NOT ~~the~~] يذهب إلى المسجد كل يوم. .2

(the mosque) ذهب إلى المسجد لإصلاح المراوح. .3

(hospital) [NOT ~~the~~] ذهب إلى المشفى للعلاج. .4

(the hospital) ذهب إلى المشفى لزيارة أخيه. .5

(cars) [NOT ~~the~~] جميع السيارات تحتاج إلى وقود. .6

(the cars) جميع السيارات هنا يملكها إبراهيم. .7

(a means of transport) السيارة وسيلة نقل ممتازة. .8

---

٩.   هناك وسائل نقل كثيرة.   (many means of transport)

١٠.   إنها رسالة من ثلاث صفحات.   (a three-page letter) [NOT ~~pages~~]

Exercise 8

Translate these sentences into English.

١.   بعض حوادث الطرق خطيرة جداً.   (road accidents) [NOT ~~roads~~]

٢.   كان في السيارة وحده.   (alone / by himself)

٣.   جميع الأزهار جميلة.   (all flowers) [NOT ~~the~~]

٤.   جميع الأزهار في هذه الحديقة جميلة حقًّا.   (all the flowers)

٥.   معظم الطلاب لا يدخنون.   (most students) [NOT ~~the~~]

٦.   معظم الطلاب في هذا الصف لا يدخنون.   (most of the students)

٧.   ما هي فوائد السيارة؟   (the advatages of)

٨.   دخلوا المنزل بكسر النافذة.   (by breaking) (*is used to driving*) 9. إنه معتاد على السياقة على اليسار.

(*used to drive*) 10. اعتاد أن يسوق على اليمين،ولكنه الآن يسوق على اليسار.

Exercise 9

Translate these sentences into English.

(*succeeded in*) 1. نجح في إيجاد وظيفة.

(*of*) 2. يفكر في شراء بيت جديد.

(*dreams of*) 3. يحلم بمستقبل واعد.

(*looks forward to*) 4. يتوق إلى لقاء صديقه.

(*accused ... of*) 5. اِتهموه بالكذب.

(*prevented ... from*) 6. منعوه من السفر.

(*thanked ... for*) 7. شكرتُه للمساعدة التي قدمها لي.

(*warned ... against*) 8. حذرته من التدخين.

9. لا فائدة من محاولة إقناعه. *(no use trying to)*

---

10. سيكون هنا صباح الجمعة. *(on Friday morning)*

Exercise 10

Translate these sentences into English.

1. سيكون المحامي هنا الأحد القادم. *(next Sunday)*

---

2. سيصل الزائر في منتصف الليل. *(at midnight)*

---

3. سنلتقي عند نهاية المبارة إن شاء الله. *(at the end of)*

---

4. لقد تمت المصالحة بينهما في النهاية. *(in the end)*

---

5. وقفوا في الصف بانتظار دورهم. *(in a line)*

---

6. انظر في المرآة لترى الجرحَ في خدِّك. *(in)*

---

7. سُقْ هنا على اليمين. *(on the right)*

---

8. يسكن أخي في الطابق الرابع. *(on)*

---

9. يعمل مئة مزارع تقريباً في هذه المزرعة. *(on)*

10. يعمل المهندس في هذا المصنع. *(in)*

Exercise 11

Translate these sentences into English.

1. بيته يقع على ضفة النهر. *(on)*

2. القطة تجلس في زاوية الغرفة. *(in)* [NOT ~~at~~]

3. يوجد هاتف على قرنة الشارع. *(on)*

4. الحديقة خلف المنزل. *(at the back)*

5. أُكتب اسمك على ظهر الرسالة. *(on)*

6. سيكون في العمل حتى الخامسة. *(at work)* [NOT ~~in~~]

7. يحب السباحة في البحر. *(in the sea)*

8. جاء بحراً. *(by sea)*

9.   يسكن جَدُّه في قرية صغيرة.   (at)

10.   تسكن جدته في باريس.   (in)

Exercise 12

Translate these sentences into English.

1.   وصل المطار الدولي أمس.   (arrived at)

2.   وصل لندن أمس قادماً من مدريد.   (arrived in)

3.   في رأيي، أنت مخطئ.   (in)

4.   جلس في الظل.   (in the shade)

5.   العمال مضربون لمدة أسبوع.   (on strike)

6.   سمعتُ الخبر في الراديو.   (on the radio) [NOT in]

7.   رأيتُه صدفة.   (by chance)

8.   حدث ذلك خطأً.   (by mistake)

9. فتح الباب بالمفتاح. *(with)* [NOT ~~by~~]

10. كان واقفاً قرب الباب. *(by / near)*

Exercise 13

Translate these sentences into English.

1. زادت الأسعار بنسبة 10٪. *(incresed by)*

2. جاء في قطار الساعة العاشرة. *(on)* [NOT ~~in~~]

3. الحادث سببّ ضرراً كبيراً للسيارتين. *(a great damage to)*

4. ما حل هذه المشكلة؟ *(the solution to)* [NOT ~~for~~]

5. ما موقفك منه؟ *(attitude to / towards)* [NOT ~~from~~]

6. جاءته دعوة إلى الحفلة. *(an invitation to)*

7. ما رد فعلك لما قال؟ *(reaction to)* [NOT ~~for~~]

8. هناك انخفاض في المبيعات. *(a fall in)*

9. هناك زيادة في الأرباح. (*an increase in*)

---

10. كيف علاقتك به؟ (*relationship with*)

Exercise 14

Translate these sentences into English.

1. كنْ كريماً مع والديك. (*generous to*) [NOT ~~with~~]

---

2. كنْ مؤدباً معهما. (*polite to*)

---

3. كنْ ودوداً معه. (*friendly to*)

---

4. لا تكنْ قاسياً معها. (*cruel to*)

---

5. كان لُطفاً منكَ أن تساعده. (*kind of you to*) [NOT ~~from you~~]

---

6. كان غاضباً منه لما فعلَ. (*angry with ... for*) [NOT ~~from~~]

---

7. سُرَّ بالهدية. (*was delighted with*) [NOT ~~by~~]

---

8. إني مُشْفقٌ عليه. (*sorry for*) [NOT ~~on~~]

(sorry for)   إني آسفٌ لما قلتُ أمس.   .9

(astonished at)   إنني مندهش لما جرى.   .10

Exercise 15

Translate these sentences into English.

(envious of) [NOT to]   لا تكن حسوداً للناس.   .1

(ashamed of)   إنه خَجِلٌ مما فعل.   .2

(tired of)   إنه تعبّ من الإفراط في العمل.   .3

(aware of)   لم أكن مُدركاً لهذه الحقائق.   .4

(married to) [NOT from]   إنها متزوجة منه منذ عدة سنوات.   .5

(famous for) [NOT by]   كان حاتم مشهوراً بالكرم.   .6

(crowded with)   السوق مزدحم بالزبائن.   .7

(at) [NOT from]   لا تضحكْ منه.   .8

---

9. اكتبْ له أو هاتفه. (*to*)

10. لا تصرخْ عليه هكذا. (*shout at*)

Exercise 16

Translate these sentences into English.

1. ناده بصوت عالٍ. (*shout to*)

2. ارمِ الكرة له وليس عليه. (*to, at*)

3. صِفْ له ما رأيتَ. (*to*)

4. اِعتذرْ له عما فعلتَ. (*to, for*)

5. اِفعلْ شيئاً بشأن هذا الأمر. (*about*)

6. لِمَ لا تتقدم لهذه الوظيفة؟ (*apply for*) [NOT ~~to~~]

7. لقد تحدثَ عن الموضوع طويلاً. (*talked about*)

8. هل سمعتَ به من قبل؟ (*hear of*)

(*hear from*) 9. هل سمعت منه أيّة أخبار؟

(*hear about*) 10. هل سمعتَ عن الحرب؟

Exercise 17

Translate these sentences into English.

(*thinking about*) 1. بِمَ تفكر الآن؟

(*to, about*) 2. شكوا للمدير عن الطعام.

(*remind ... of*) 3. ذكِّرْني بالموعد من فضلك.

(*warned ... of*) 4. حذروه من العواصف.

(*of*) [NOT ~~from~~] 5. مات من نوبة قلبية.

(*forgive ... for*) [NOT ~~about~~] 6. أسامحك عما فعلتَ.

(*on you*) 7. أضع اللومَ عليك.

(*blame ... for*) 8. ألومك لما حدث.

---

9.   هذا الدهون يقي البشرة من الشمس.   (protects ... from)

10.   أستحسنُ ما تقول.   (approve of)

11.   إنها تتخصص في التمريض.   (specializes in)

12.   ترجمْ هذا النص إلى الألمانية.   (into) [NOT ~~to~~]

13.   كم تنفق على العلاج شهرياً؟   (spend on)

Chapter 16

PARAGRAPHS

Exercise 1

Translate this paragraph into English.

إنَّ المجتمع الغربي يُعاني من ظاهرة الجرائم بأنواعها المختلفة بنسبة هي الأعلى من بين دول العالم، ومع ذلك فإن وسائل إعلامه (وخاصة التلفزيون) يعرض المسلسلات القائمة على الجريمة ليل نهار. ويُقال إن الطفل الغربي عندما يبلغ ست سنوات من العمر يكون قد رأى ما يزيد عن ست آلاف جريمة قتل على شاشة التلفزيون. فماذا سيكون حاله عندما يبلغ السابعة عشرة مثلاً؟ سيكون فعل القتل عادياً جداً لديه. وبالفعل، فإن المجتمع الغربي يمتاز عن سواه من مجتمعات الدنيا بأن أطفاله بين السادسة والخامسة عشرة يرتكبون جرائم القتل ضد زملائهم في المدارس، كما سمعنا مراراً وتكراراً عمّا حدث في مدارس أمريكا (1999) عندما قتل الأطفال زملاءهم في المدرسة بالمسدسات أو الأسلحة الرشاشة.[1]

Exercise 2

Translate this paragraph into English.

"كليلة ودمنة" كتاب قيِّم، جامع للحكم والعِبر والأمثال، ويحمل بين سطوره وفصوله أطراف القصص الأخلاقية والمواعظ، ويدعو للأخذ بمكارم الأخلاق، وينصح الملوك والرؤساء أن يكون رائدهم النزاهة والعدل ليظل ملكهم ثابت الأركان. إنه قصة مصوَّرة متشابكة الحلقات تدعو إلى التمسُّك بالفضيلة والحِلم، والبُعد عن الهوى، والصدق في القول والعمل، تجري وقائعه على ألسنة الحيوانات بأسلوب ظريف جذّاب من الفكاهة والمتعة

(1) د. محمد علي الخولي. الإسلام والحضارة الغربية. عمّان: دار الفلاح، 2001. ص51.

والذوق واللقطات الفلسفية والمعاني الإنسانية والمُثل الأخلاقية والفضائل العالية ما يجعله من الآثار الخالدة. إنه دعوة إصلاحية في البحث والنقد اللاذع لسياسة كانت قائمة في ذلك العهد، لا يأمن فيها المرء على ماله ونفسه وحُريته، فضلاً عن أنه غني بقيمه وطاقاته الأدبية والفلسفية والتاريخية.(1)

Exercise 3

Translate this paragraph into English.

لا يظن امرؤٌ أن موضوعاً في أهمية عملية التخطيط والتنمية يستطيع أي باحث أو دارس تغطيته في كتاب، وخاصة إذا كان هذا الكتاب متواضع الحجم. فالموضوع أكبر من ذلك بكثير. وبالتالي، لا يُعقل أبداً أن يُلملِم مكونات ومفردات هذا الموضوع بالغ الأهمية صفحات كتاب واحد. وقد حاولتُ جاهداً في هذا الكتاب عرض بعض جوانب التخطيط التنموي، هذا اللون من التخطيط المتعلق ببرامج ومشاريع التنمية بوجهيها الاقتصادي والاجتماعي.ومن هنا جاءت فكرة جمع بعض المقالات والدراسات العلمية التي سبق نشر بعضها في مجلات علمية أو دوريات متخصصة، أو أن بعضها الآخر تم تقديمه كأوراق عمل في بعض الندوات العلمية، في كتاب واحد. قد تكون الفائدة منه أكبر وأعم من ترك هذه المقالات والدراسات مبعثرة هنا وهناك في بعض الدوريات والمجلات.(2)

Exercise 4

Translate this paragraph into English.

المطر هو الماء الذي يتبخر من البرّ والبحر لا يستقر في الهواء، بل يتكاثف عندما يتبرد فيصير سحاباً ثم يرجع إلى الأرض في شكل مطر. والماء يتنقّل في الطبيعة بصورة دورية تحت تأثير حرارة الشمس فينطلق من البحر في شكل بُخار، ثم يصير سحاباً، ثم يُمطر السحاب فتتخلل مياهه طبقات الأرض وتتجمّع في خزائن جوفية حتى تجد منفذاً تنبع منه وتسيل في مجرى الأنهار التي تسوقها إلى البحر، ثم تُكرَّر العملية من

(1) بيدا الفيلسوف الهندي، ترجمة عبد الله بن المقفع. كليلة ودمنة. بيروت: مؤسسة المعارف، 2003. ص5.

(2) د. موسى يوسف خميس. دراسات في التخطيط والتنمية. عمّان: دار حنين، 1995. ص11.

جديد. لقد غيّرت الأمطار وجه الأرض عبر العصور، وذلك من جرّاء جرف التراب خاصة. وقد تُحدث فيضانات جسيمة الأضرار مثل التي أصابت مدينة (جنوى) يوم 25 أكتوبر 1822م أو التي أصابت البلاد التونسية خريف 1969 فاجتاحت كثيراً من أجهزتها المعمارية والاقتصادية. لكن المطر كثير النفع عادةً إذ لولاه لما وُجِد أي نبات على وجه الأرض.[1]

Exercise 5

Translate this paragraph into English.

وعادةً يكون سبب حدوث الانزلاق هو تعرُّض العمود الفقري خاصة بأسفل الظّهر لحركة لوي أو انثناء عنيفة مثل رفع حِمل ثقيل فوق الأرض، أو رفع بعض الأثاث بالمنزل، أو القيام بنزع الحشائش من الحديقة، وذلك إذا تمَّت هذه الحركات بطريقة خاطئة أدّت إلى تعرُّض أسفل الظّهر لضغط شديد مُفاجئ. وعادةً تظهر أعراض الانزلاق في الحال، أي بعد الحركة العنيفة المُوجَّهَة للظّهر، وذلك في صورة الإحساس بألم حاد وعدم القُدرة على الحركة. لكن الأعراض قد تظهر أحياناً بشكل تدريجي يتمثّل في صُعوبة الحركة تدريجياً وبعد فترة من الوقت يظهر الألم الحاد.[2]

Exercise 6

Translate this paragraph into English.

ومن أهم المعادن في المكسيك الفضة. إلا أن الذّهب هو الآخر لا يقل أهمية عنها، خصوصاً أن المعدنيْن يتواجدان كرواسب معدنية بداخل وحدة صخرية واحدة عمرها التكويني هو العصر الثلاثي. ويأتي ترتيب المكسيك بين الدول المنتجة للذهب الخامسة عشرة. ومن الأهمية بمكان أن نشير ونحن بصدد الحديث عن المكسيك إلى أن الأورو (El Oro) تُعتبر واحدة من الصحارى الغنية بالذّهب. وقد أكتشف الذّهب فيها إبّان

(1) د. خليل البدوي. موسوعة الظواهر الطبيعية. عمّان: دار عالم الثقافة، 2000. ص67.

(2) د. أيمن الحسيني. آه من ألم الظهر. القاهرة: دار الطلائع، 1994. ص23.

عام 1530. ونظراً لوفرة الذّهب بصحراء الأورو، فقد استمرت عمليات استخراجه طيلة 400 عام دون انقطاع إلى أن توقف العمل في عام 1930. وهذا ما أكّدته الدراسات الأثرية والجيولوجية. وقد بلغ إجمالي كميات الذّهب المُستخرَجة خلال فترة التشغيل حوالي 500 مليون أوقية.[1]

Exercise 7

Translate this paragraph into English.

وقد استشرى مرض السرطان اليوم بصورة مُخيفة، إذ كشفت الإحصاءات أنّ واحداً من كُل أربعة أمريكيين يُعاني من أحد أمراض السرطان. ومن المعروف أن أعراض الإصابة بمرض السرطان لا تظهر قبل مرور 25 عاماً أو يزيد، مما يعني احتمال إصابة الكثير مِنّا حالياً بمرض السرطان من دون أن نشعر. وطِبقاً لأحدث التقارير الصادرة عن جمعية أمراض السرطان الأمريكية، فإن واحداً من اثنين من الرجال وواحدة من كل ثلاث من النساء سيواجهون خطر الإصابة بالسرطان عاجلاً أو آجلاً بل والأسوأ توقُّع تضاعف تلك النسبة مع مرور الوقت وإلى أن يحين وقت اكتشاف علاج لمثل هذا المرض.[2]

Exercise 8

Translate this paragraph into English.

نُعلمكم أننا قد استلمنا المعلبات المُرسَلة من قبلكم، وفُوجئنا بأنها ليست مطابقة بأي حال للعيّنة التي عقدنا الطلبية على أساسها. ولذلك يُؤسفنا الاعتذار عن قبولها بالسعر الوارد في الفاتورة لعلمنا أننا لا نستطيع تصريفها إلاّ إذا تمّ بيعها بأدنى الأسعار. وإننا مضطرون إلى حفظ بضاعتكم ريثما نلتقي ردّكم. فإذا قمتم بإجراء حسم كبير ومعقول في السعر، فإننا سنُعيد النظر في الموضوع. وأمّا إذا لم تستطيعوا ذلك، فإنه لا بُدّ لنا من إعادة هذه المعلبات.[3]

---

(1) أ.د. محمد عز الدين حلمي. الذهب أمير المعادن. القاهرة: مكتبة مدبولي، 2002. ص75.

(2) هيرمان أهيرا، ترجمة د. يوسف البدر. جوهرة الماكروبيوتيك. بيروت: دار الخيال، 2002. ص9.

(3) المكتب العالمي للبحوث. المراسلات التجارية وإدارة الأعمال. بيروت: دار مكتبة الحياة. ص66.

Exercise 9

Translate this paragraph into English.

ولدى عُلماء النفس التربويين الكثير مما يستطيعون تقديمه وذلك على اِعتبار أنهم يملكون موارد ضخمة تحت تصرُّفهم. وهم إذ يجرون بحوثهم إنما يجرونها على أطفال من جميع الأعمار ومختلف القابليات وفي مختلف الأوضاع والمواقف التعليمية. وهم في تنميتهم للمبادئ الواجب استعمالها في عملية التعليم، يفيدون من جميع حقول علم النفس وفروعه وبخاصة بحوث التعلُّم والنمو، نمو الأطفال ونمو المراهقين، وعلم النفس الاجتماعي، والفروق الفردية والصحة النفسية وغير ذلك. وبالاستناد إلى هذه الميادين جميعها توصل عُلماء النفس التربويون إلى مبادئ يُمكن تطبيقها في كل الوظائف التعليمية الرئيسية.[1]

Exercise 10

Translate this paragraph into English.

تعتبر الفعاليات ذات الصلة بالعمليات (والإنتاج جزءاً منها) الوظائف التي من خلالها تقوم المنظمة بخلق وبناء القيم التي تُلبّي حاجات المستهلك. لذا، فإن العمليات تُغطّي عدداً من المجالات مثل استراتيجية العمليات وتصميم النظام الخدمي وإدارة المواد والجدولة. ومن وِجهة نظر الوظائف، فعلى المنظمات أن تتعامل مع ثلاث وظائف أساسية هي: العمليات والمالية والتسويق. فالنظام الإنتاجي الذي يرتكز عليه محور هذا الكتاب يحتوي على المدخلات مثل المواد والعمالة والمهارات والمعدات وغيرها والتي يجري تفاعلها من خلال العمليات التحويلية للحصول على المخرجات بهيئة منتجات أو خدمات.[2]

Exercise 11

Translate this paragraph into English.

لقد استحوذت علوم الفيروسات والوراثة والمناعة على معظم الاهتمام حتى يومنا

(1) د. فاخر عاقل. علم النفس التربوي. بيروت: دار العلم للملايين، 1990. ص7.

(2) أ.د. عبد الستار محمد العلي. إدارة الإنتاج والعمليات. عمَّان: دار وائل، 2000. ص19.

هذا، ونالت معظم الهِبات الممنوحة لأبحاث السرطان. ولكننا نجد بعد قرن من الإهمال أنّ عِلم التغذية، الابن المُهمَل للطب الحديث، يَستحصل أخيراً على الاعتراف به عِلماً كاملاً بين العلوم، أُهمل طويلاً ويستحق المزيد من الاهتمام في هذا الجُهد المبذول. وهناك ما يدعو إلى الاعتقاد بأننا سوف نكتشف في نهاية المطاف أن الحصانة الغذائية مُقترنة بعوامل بيئية ومعيشية أخرى سوف تتوافق مع المعطيات الوبائية والمخبرية والسريرية ذات الصلة. وإذا نالت هذه المقاربة العلاجية المتكاملة تسليماً واسع النطاق بصحتها، فإن الفصل الخاص بالسرطان، وهو أكثر الفصول مَدعاةً للأسى في تاريخ البشرية، سوف ينتهي إلى خاتمة سعيدة.(1)

Exercise 12

Translate this paragraph into English.

هيكل الكتاب، بكلمات أخرى، يعتمد على ركائز ثلاث. الركيزة الأولى هي المكونات المادية للحاسبة والتي يُطلَق عليها Hardware، وتشمل الفصول (الثاني والثالث والرابع والخامس). والركيزة الثانية هي المكوّنات المعنوية، أي البرمجيات Software (الفصل السادس). أما الركيزة الثالثة فهي البرمجة بلُغة بيسك Basic، ويحتل تعلُّم البرمجة بهذه اللغة الفصول الأربعة الأخيرة (من الفصل الثامن إلى الفصل الحادي عشر). أمّا الفصل الأول من الكتاب فيُقدِّم نبذة تاريخية عن تطوُّر الحاسبات الإلكترونية، بينما يتحدث الفصل السابع عن أنواع الحاسبات الإلكترونية الرقمية ومزاياها وخواصها.(2)

Exercise 13

Translate this paragraph into English.

إن كثيراً من الطلاب لا يحصلون على النتائج التي يرجونها من مطالعتهم، ليس لأنهم لا يبذلون الجهد الكافي، بل لأنهم لا يُحسِنون تنظيم الوقت، أو لأنَّهم يدرسون

---

(1) ميتشيو كوشي وأليكس جاك، إعداد: د. يوسف البدر. موسوعة الغذاء الواقي من السرطان. بيروت: شركة المطبوعات للتوزيع والنشر، 2003. ص16.

(2) د. محمد خضر، نبيل خليل عمّار. الأسس المنطقية والبرمجية للحاسبات الإلكترونية. بيروت: دار الجيل، 1989. ص5.

بطريقة خاطئة، أو لأنّهم لا يقرأون كما يجب، أو لا يستعدون للاختبار كما يجب، أو لأنهم لا يكتبون كما يجب. من هُنا نشأت لديّ الرغبة في معالجة مُشكلات الطلاب المدرسية المُتعلّقة بالمهارات الدراسية الأساسية. ومن هذه المهارات ما يلي: (1) تنظيم أوقات المُذاكرة،(2) الاستماع إلى المحاضرين وتدوين الملاحظات،(3) قراءة الكتب، (4) مُعاونة الذاكرة، (5) استعمال المكتبة، (6) كتابة المقال، (7) كتابة البحث، (8) الاستعداد للاختبار.[1]

Exercise 14

Translate this paragraph into English.

إن التطوُّرات العلمية والتكنولوجية ساهمت وتساهم في تطوير إدارة الأفراد وذلك بتضمينها وظائف ومفاهيم جديدة تُضاف إلى الوظائف والمفاهيم التقليدية التي تضطلع بها هذه الإدارة. فالتخطيط للموارد البشرية لا بُدَّ أن يرتبط به التخطيط المهني للأفراد العاملين. ومن الضروري أن تعتمد إدارة الأفراد على برامج للتطبيع أو التكييف الاجتماعي للأفراد العاملين الجُدُد. يُضاف إلى ذلك أن الدَّور الجديد لإدارة الأفراد يتمثَّل في ضرورة ربط الوظائف التي تؤديها هذه الإدارة بالنظام التنظيمي لعموم المنظّمة. ولذلك فإن هدف هذا الكتاب يتمثّل في وضع الأُسس والمفاهيم والسياسات المُتعلّقة بإدارة الأفراد وِفقاً للمفاهيم المُعاصِرة ولا سيّما المفاهيم السلوكية مع الأخذ بالمتغيّرات والتحديات المختلفة التي تُواجه الأفراد العاملين.[2]

Exercise 15

Translate this paragraph into English.

في ظِلّ الاهتمام العالمي بفوائد الأعشاب الطبية وتَزايُد أعداد المُطالِبين بالرجوع إلى الطبيعة والاستفادة من هِبة الله فيما خَلق وأودَع بها من الأسرار التي تُعجز الفِهم لدى الكثير من الخُبراء على كيفية أدائها، وصعوبة اجتياز العمل الفيزيولوجي والكيميائي التي

(1) د. محمد علي الخولي. المهارات الدراسية. عمَّان: دار الفلاح، 2001. ص هـ

(2) د. سهيلة محمد عباس. إدارة الموارد البشرية. عمَّان: دار وائل، 2000. ص5.

تقوم عليه، ارتفعت الكثير من الأصوات في الأوساط العلمية المُطالِبة باهتمام أكبر بالتعامل مع النبات دون تجزئته أو استخلاصه بأشكال دوائية مختلفة وبالتالي قد يخل بنظام العمل الذي يقوم به. في حين يرى الكثير من الخبراء أن صناعة الأدوية من الأعشاب قد تكون كبيرة المنفعة من عِدَّة وُجوه حيث يجعل الدواء في مُتناول اليد وقت الحاجة بالإضافة إلى تحديد المعايير والمقادير المُناسبة للأعمار. كما يمكن تركيز الدواء في حجوم صغيرة تمكّن من تداوله بسهولة ويُسر، وتعمل على إطالة عُمر الدواء من التلف والفساد.[1]

Exercise 16

Translate this paragraph into English.

ويمكن أن يُشتَق من مبدأ التكرار مبدأ مشابه له، ألا وهو مبدأ كمية التعرض اللغوي. وهو تكرار من نوع آخر؛ إنه تكرار يتعلق باللغة الثانية عموماً. ويُقصد بكمية التعرُّض اللغوي Linguistic Exposure عدد الكلمات والجُمَل التي يسمعها المُتعلِّم في ل$_2$ (اللغة الثانية) يومياً أو عدد الساعات التي يسمع فيها ل$_2$. وبعبارة أخرى، يُمكن أن تُقاس كمية التعرُّض بعدد الساعات أو بعدد الكلمات المسموعة يومياً. ومن المعقول الاستنتاج بأنه كلما زادت كمية التعرُّض للغة 2، زادت سرعة تعلُّمها. فطفل يسمع ل$_2$ ثلاث ساعات يومياً يتعلَّم ل$_2$ أسرع من طفل آخر يسمعها ساعة واحدة يومياً، إذا تساوت العوامل الأخرى. وهذا يعني أن مُدَّة البرنامج المُخصَّصة لتعليم ل$_2$ عامل مُهم في سرعة اكتساب ل$_2$.[2]

Exercise 17

Translate this paragraph into English.

الخصخصة تُعتبر من مواضيع الساعة، بل هي أهم حدث اقتصادي في الرُّبع الأخير من القرن العشرين. ليس هذا فحسب، بل لأن الاستجابة لهذا الحدث من غالبية دول العالم موضوع يستحق البحث والدراسة. ولكونه كذلك، فقد شغل العقول به وما زال

(1) زياد علي عمران. النباتات: غذاء ودواء. عمَّان: دار الفلاح، 2002. ص5.

(2) د. محمد علي الخولي. الحياة مع لغتين: الثنائية اللغوية. عمَّان: دار الفلاح، 2002. ص73.

باعتباره دعوة إلى التحوّل من أنظمة اقتصادية متباينة سادت العالم إلى نظام اقتصادي واحد، وهو النظام الحُر الجديد الذي أعطى الليبرالية انتصاراً وانتشاراً تضاءلت معه الاتجاهات التي ظلّت تُناهضه على مدى زمني طويل، هو عُمر المذهب المُضاد الاشتراكي في الكتلة الشرقية وبعض الدول الأخرى في الدول النامية. والنظام الاقتصادي المُختلط الذي أخذ من كلا النظامين ليشكل نظاماً اقتصادياً ثالثاً يتعايش معها ويستفيد من تناقضهما وتناسقهما، خصوصاً في ظل الحرب الباردة.(1)

Exercise 18

Translate this paragraph into English.

مبدأ الأغلبية في التصويت يُستعمل في معظم المُنظّمات الدولية، ومن السهل أن يصدر عنه قرارات عندما يكون هذا المبدأ مطبقاً في المنتظم حسبما يُقرره ميثاق المنظمة الدولية. والأغلبية في التصويت تكون على وجهيْن: الأغلبية المطلقة والأغلبية النسبية. ولا يوجد ما يعوق إصدار القرارات حتى ولو لم توافق على مشروع القرارات بعض الدول الأعضاء في المنظمة الدولية. وكذلك لا يتنافى هذا المبدأ مع مبدأ السيادة أو المساواة القانونية. وهو على خلاف المبدأ السابق (مبدأ التصويت بالإجماع) الذي بدورِهِ يُعرقِل سيْر المُنظَّمة للقيام بأعمالها التي أُنشئت من أجلها عندما يعترض أحد الأعضاء على القرار.(2)

Exercise 19

Translate this paragraph into English.

تُعتَبر الآفات والأمراض التي تُصيب المحاصيل الزراعية من أهم العناصر الهامة المُحدِّدة للإنتاج الزراعي الذي يُعدُّ من الدعامات والركائز الأساسية للاقتصاد القومي، ويُؤدِّي إلى زيادة الإنتاجية المزرعية، ورفع مستوى الدخل للمُنتِج الزراعي كيفاً وكمّاً، استهلاكاً محلياً وتصديراً، وبالتالي زيادة دخل المُنتِج الزراعي سواء فلّاحاً، أو مُهندساً

---

(1) د. عبده الربيعي. الخصخصة وأثرها على التنمية بالدول النامية. القاهرة: مكتبة مدبولي، 2004. ص9.

(2) د. نايف حامد العليمات. قرارات منظمة الأمم المتحدة في الميزان. عمّان: دار الفلاح، 2005. ص21.

زراعيًا، أو من الشباب الخريجين، أو من المستثمرين في المجال الزراعي، أو من العاملين أو المُلاّك الجُدُد للأراضي الجديدة والمُستصلَحة. فالعناصر المُحدّدة للإنتاج الزراعي مُتعدّدة ومُتشابكة، يعتمد كل منها على الذي يسبقه، وكذلك الذي يليه.[1]

Exercise 20

Translate this paragraph into English.

في البدء، كان الماء يغمر كل شيء. وفيه توفَّرت جميع المواد الأوَّلية المُنحلَّة، التي ستتكوَّن منها جميع الخلايا والكائنات الحيَّة، عبر سِلسلة طويلة من التطوُّر، استمرَّت مئات الملايين من السنين. وفي البحار الأولى امتزجت واتحدت العناصر الأوَّلية للمادة بأشكال مُتعدِّدة ومُتنوِّعة ولا مُتناهِية. ثم كوَّنت تركيبات عضوية أكثر تعقيداً وثباتاً. وفي تلك التركيبات العضوية، تكوَّنت الخلية الحيَّة الأولى، التي تطوَّرت إلى مختلف الخلايا الحيَّة النباتية والحيوانية. لذلك ليس غريباً أن تحتوي مياه البحار على أكثر الكائنات الحية عدداً وتنوُّعاً وغرابة. ومن البحر خرجت بعض الكائنات الحيَّة إلى اليابسة لتتابع تطوُّرها وتبدُّلها وتنوُّعها، حتى شكَّلت كل أنواع الحيوانات والحشرات والزواحف، التي تعيش الآن على سطح البحر، أو التي سبق لها أن عاشت عليها وسادت، ثم انقرضت.[2]

---

(1) م. علي الدجوى. الدليل التطبيقي لمكافحة آفات وأمراض النبات. القاهرة: مكتبة مدبولي، 1998. ص8.

(2) كنعان فهد. عجائب الحياة في الماء. القاهرة: دار الكتاب العربي، 1997. ص5.

The Author's Books

1.   *A Dictionary of Islamic Terms: English-Arabic & Arabic-English*

2.   *Simplified English Grammar*

3.   *A Dictionary of Education: English- Arabic*

4.   *A Dictionary of Theoretical Linguistics: English-Arabic*

5.   *A Dictionary of Applied Linguistics: English-Arabic*

6.   *Teaching English to Arab Students*

7.   *A Workbook for English Teaching Practice*

8.   *Programmed TEFL Methodology*

9.   *The Teacher of English*

10. *Improve Your English*

11. *A Workbook for English*

12. *Advance Your English*

13. *An Introduction to Linguistics*

14. *Comparative Linguistics: English and Arabic*

15. *A Contrastive Transformational Grammar: English-Arabic*

16. *The Light of Islam*

17. *The Need for Islam*

18. *Traditions of Prophet Muhammad /B1*

19. *Traditions of Prophet Muhammad /B2*

20. *The Truth about Jesus Christ*

21. *Islam and Christianity*

22. *Questions and Answers about Islam*

23. *Learn Arabic by Yourself*

24. *The Blessing of Islam*

25. *Why have they chosen Islam?*

26. *The Crisis of Western Civilization*

27. *A Comparison between the Four Gospels*
28. *Methods of Teaching English at the Elementary Stage*
29. *Methods of Teaching English*
30. *Teaching English as a Foreign Language*
31. *Islamic Faith*
32. *Human Rights in Islam*
33. *Penal Codes in Islam*
34. *The Pillars of Islam*
35. *Morality in Islam*
36. *The Woman in Islam*
37. *The Only Right Choice: Islam*
38. *What do you know about Islam?*
39. *The Straight Path: Islam*
40. *Legal Translation: From English into Arabic*
41. *Humanities Translation: From English into Arabic*
42. *Science Translation: From English into Arabic*
43. *General Translation: From English into Arabic*
44. *Literary Translation: From English into Arabic*
45. *Mass-Media Translation: From English into Arabic*
46. *Administration and Finance Translation: From English into Arabic*
47. *An Introduction to Semantics*
48. *English Phonetics and Phonology*
49. *English Skills One*
50. *English Skills Two*
51. *English Grammar: Morphology*

.52 دليل الطالب في التربية العملية
.53 الأصوات اللغوية
.54 تعليم اللغة: حالات وتعليقات

55. الحياة مع لغتين
56. تعلم الإملاء بنفسك
57. المهارات الدراسية
58. أساليب تدريس اللغة العربية
59. دراسات لغوية
60. معجم علم الأصوات (عربي-عربي)
61. التراكيب الشائعة في اللغة العربية
62. قواعد تحويلية للغة العربية
63. مدخل إلى علم اللغة
64. كيف تكتب بحثاً
65. الاختبارات التحصيلية
66. حقيقة عيسى المسيح
67. مقارنة بين الأناجيل الأربعة
68. البريق الزائف للحضارة الغربية
69. التحريف في التوراة
70. اليهود من كتابهم
71. الإسلام والنصرانية: دراسة ومقارنة
72. الاختبارات اللغوية
73. أساليب التدريس العامة
74. علم الدلالة (علم المعنى)
75. الإسلام والحضارة الغربية

Printed in the United States
By Bookmasters